門

圓滿儒學‧大學篇

明公啟示錄　范明公解讀儒學經典

范明公——著

序言

　　儒學是中華文明的主流、主脈,是一個完整的圓,亦即是「一」,只要涉及到中華傳統文化,肯定繞不開儒學。

　　圓滿儒學,是中華各類學問的總結,包含著諸經諸法,無論道學之《黃帝內經》、《道德經》,佛學之《壇經》、《維摩詰經》,孔聖人之《孝經》、《易經》等經典,還是格物、禪觀、性命雙修的方法和原理,盡皆包含於儒學之中。

　　儒學不僅是中華有史記載最早的學問體系,是夏、商、周文化的直系傳承,而且是中華禪文化的真正內涵主體,通達儒學的理論方法後便知,禪僅是換上了西域佛法的外衣,傳承著中華先祖的智慧。所以,我們首先要正本清源,正我中華民族之本,清我華夏文明之源。

　　學習中華祖先經典智慧,一定要認準方向、認清本源,明白到底學什麼、為什麼學、所學的有沒有用,更要清楚中華在世界歷史上的真實地位如何、世界科技如何而

來。事實上，中華文明曾經的巔峰，才是現今世界發展的真正基礎。中華的經典、中華的文明文化，不是無用的裝飾，更不是華麗的辭藻，而是最實用的、蘊含著改變世界的方法。

圓滿儒學博大精深，其中《大學》、《中庸》文章短而成體系，是精髓、是框架、是儒學全貌的總結與概括。框架梳理清楚，相當於先有了骨骼，再去學習儒學六經、《孝經》、《論語》等相當於血肉的經典，就有了方向，有了理解的主線思路。

正所謂萬變不離其宗，不管經典內容、傳承形式如何變化，中華的文明智慧都是「一」、都是道。學習經典就是告訴我們其理一也，「一」是根本、是本質，是我們追求的最高境界、終極歸宿。

一部《大學》開啟了儒學的大門，其實是開啟了修道之門，儒學的最高處就是道，修習的目的就是引人向道。「一陰一陽之謂道」，現實中所有的問題，源自於分別心，亦即是都源自於非陰即陽、忽陰忽陽的走極端，天天在對錯中的分別、判斷和決策。

《大學》之明德，即萬事皆陰陽之規律。陰陽之理容易理解，真正能勘透、能現實運用，才是真正的知陰陽、

明明德。因此，三綱領是根，是儒學之起修，明理後知起修，明理即明明德，起修處即是親民，如何修即是止於至善。抓住根後「吾道一以貫之」，隨時在為人處事中看自己是否符合道、符合一的標準。

而我們所要銘記的根本標準，就是中華十六字真言（箴言）：「人心惟危，道心惟微，惟精惟一，允執厥中。」無論儒學、道學、禪學，不符合真言即是遠道、背道，符合真言即是近道，能將我們帶向一、帶向圓滿、帶向整體。

中華十六字真言，最早提出了修心的概念，是堯、舜、禹禪讓傳位時所傳心法，理解透澈則可統治天下，代代相傳至儒學。因此儒學把中華的心法、心性講得非常透澈，《大學》三綱領八條目、《中庸》之中和，都是心的規律，都是從十六字真言中來。

我們講修行、修道，修的都是內心世界，無論是平衡，還是接納，都是針對形而上的部分，即是心的層面。只是現在用陰陽表述難以理解，所以後世才用心和行、形而上和形而下去理解。

儒學告訴我們的即是正心、修心，修的就是形而上的精神領域，一切都要接納，一切都要平衡。形而上不壓

抑，形而下的現實世界中，該有力量時就有力量，該用霹靂手段時就雷霆萬鈞，有時就是需要極端。佛、道、儒都是修心，都是給予我們力量，讓我們不向外求，找到自己，我自己的力量發出來保佑自己。

因此，修行與經典學習一定要有體系，不是一個方法、一個理或一部經，而是一套博大精深、全面完整的體系，要一點點的修學。

《大學》、《中庸》是儒學體系的入門之道，豈只一本書能解讀完整！這本書僅是告訴大家一個框架、一套根本的思維模式，告訴大家中國的道，其實就是一種看待萬事萬物的角度，及思考問題的模式。

《大學》尋根講心，透過掌握規律，即明明德，開始親民，起修止於至善，做到三綱領則知止而後有定，然後依次靜、安、慮、得，即是整個儒家的修身之學。後面的齊家、治國、平天下，都是修身的延伸，推己及人，最終「知所先後，則近道矣」，還是為了道，修的就是一顆心。

《中庸》講中，中庸即是陰陽達到平衡時的狀態。中國人任何事情都講究「中」，沒有中即是偏了、不平衡了。一篇《中庸》也是代表了儒學的最高境界，開篇講中

和，就是在講正心，這就是中華智慧之根。

對鏡觀心修守中，中庸即是致中和，然而孔子曾經感慨，「道其不行矣夫！」真正能夠堅持修中庸的人太少啦！所以，我們當下就應該從中庸之道開始練習，守中致和，尋找恰當和適度。

這個尋找的過程，就是修的過程，就是儒家的修行。「惟精惟一，允執厥中」，隨時在精微處尋那個「一」，永遠不要放下對「中」的追求，「君子而時中」，時時刻刻修守中，無限接近於中，真正把心用在行中庸之道上，就能得到儒學的精髓。

遵守三綱領的框架主旨，按照八條目的修行階段，一步一步的修尋回自我的中庸之道。前面的主旨和階梯就是《大學》，具體的修行即是《中庸》，我們要清楚的記住。不能隨波逐流，不能沒有主心骨，即使歷史走了彎路，也一定會回到正常的軌道。

中華文明都是在探究事物的本質，堅定於這個大方向，堅持在經典的學習中尋找「一」，堅持正心修身、守中致和，從而指導現實的抉擇，我們才能真正從經典中受益，真正實現長久，實現中華文明的復興、中華民族的崛起。

《禮記‧大學》原文

　　大學之道，在明明德，在親民，在止於至善。知止而后有定，定而后能靜，靜而后能安，安而后能慮，慮而后能得。物有本末，事有終始，知所先後，則近道矣。

　　古之欲明明德於天下者，先治其國；欲治其國者，先齊其家；欲齊其家者，先修其身；欲修其身者，先正其心；欲正其心者，先誠其意；欲誠其意者，先致其知，致知在格物。物格而後知至，知至而後意誠，意誠而後心正，心正而後身修，身修而後家齊，家齊而後國治，國治而後天下平。自天子以至於庶人，壹是皆以修身為本。其本亂而末治者否矣，其所厚者薄，而其所薄者厚，未之有也！此謂知本，此謂知之至也。

　　所謂誠其意者，毋自欺也，如惡惡臭，如好好色，此之謂自謙，故君子必慎其獨也！小人閒居為不善，無所不至，見君子而後厭然，掩其不善，而著其善。人之視己，如見其肺肝然，則何益矣！此謂誠於中，形於外，故君子必慎其獨也。曾子曰：「十目所視，十手所指，其嚴乎！」富潤屋，德潤身，心廣體胖，故君子必誠其意。

　　《詩》云：「瞻彼淇澳，菉竹猗猗。有斐君子，如切

如磋，如琢如磨。瑟兮僩兮，赫兮喧兮。有斐君子，終不可諠兮！」「如切如磋」者，道學也；「如琢如磨」者，自修也；「瑟兮僩兮」者，恂慄也；「赫兮喧兮」者，威儀也；「有斐君子，終不可諠兮」者，道盛德至善，民之不能忘也。《詩》云：「於戲前王不忘！」君子賢其賢而親其親，小人樂其樂而利其利，此以沒世不忘也。

《康誥》曰：「克明德。」《太甲》曰：「顧諟天之明命。」《帝典》曰：「克明峻德。」皆自明也。

湯之盤銘曰：「苟日新，日日新，又日新。」《康誥》曰：「作新民。」《詩》曰：「周雖舊邦，其命惟新。」是故君子無所不用其極。

《詩》云：「邦畿千里，惟民所止。」《詩》云：「緡蠻黃鳥，止于丘隅。」子曰：「於止，知其所止，可以人而不如鳥乎？」《詩》云：「穆穆文王，於緝熙敬止！」為人君，止於仁；為人臣，止於敬；為人子，止於孝；為人父，止於慈；與國人交，止於信。

子曰：「聽訟，吾猶人也，必也使無訟乎！」無情者不得盡其辭，大畏民志。此謂知本。

所謂修身在正其心者：身有所忿懥，則不得其正；有所恐懼，則不得其正；有所好樂，則不得其正；有所憂

患，則不得其正。心不在焉，視而不見，聽而不聞，食而不知其味。此謂修身在正其心。

所謂齊其家在修其身者：人之其所親愛而辟焉，之其所賤惡而辟焉，之其所畏敬而辟焉，之其所哀矜而辟焉，之其所敖惰而辟焉。故好而知其惡，惡而知其美者，天下鮮矣！故諺有之曰：「人莫知其子之惡，莫知其苗之碩。」此謂身不修不可以齊其家。

所謂治國必先齊其家者，其家不可教而能教人者，無之。故君子不出家而成教於國：孝者，所以事君也；弟者，所以事長也；慈者，所以使眾也。《康誥》曰：「如保赤子」，心誠求之，雖不中不遠矣。未有學養子而後嫁者也！一家仁，一國興仁；一家讓，一國興讓；一人貪戾，一國作亂。其機如此。此謂一言僨事，一人定國。堯、舜率天下以仁，而民從之；桀、紂率天下以暴，而民從之。其所令反其所好，而民不從。是故君子有諸己而後求諸人，無諸己而後非諸人。所藏乎身不恕，而能喻諸人者，未之有也。故治國在齊其家。《詩》云：「桃之夭夭，其葉蓁蓁；之子于歸，宜其家人。」宜其家人，而後可以教國人。《詩》云：「宜兄宜弟。」宜兄宜弟，而後可以教國人。《詩》云：「其儀不忒，正是四國。」其為

父子兄弟足法，而後民法之也。此謂治國在齊其家。

所謂平天下在治其國者：上老老而民興孝，上長長而民興弟，上恤孤而民不倍，是以君子有絜矩之道也。所惡於上，毋以使下；所惡於下，毋以事上；所惡於前，毋以先後；所惡於後，毋以從前；所惡於右，毋以交於左；所惡於左，毋以交於右。此之謂絜矩之道。

《詩》云：「樂只君子，民之父母。」民之所好好之，民之所惡惡之，此之謂民之父母。《詩》云：「節彼南山，維石巖巖。赫赫師尹，民具爾瞻。」有國者不可以不慎，辟則為天下戮矣。《詩》云：「殷之未喪師，克配上帝。儀監于殷，峻命不易。」道得眾則得國，失眾則失國。

是故君子先慎乎德。有德此有人，有人此有土，有土此有財，有財此有用。

德者本也，財者末也，外本內末，爭民施奪。是故財聚則民散，財散則民聚。是故言悖而出者，亦悖而入；貨悖而入者，亦悖而出。

《康誥》曰：「惟命不于常！」道善則得之，不善則失之矣。楚書曰：「楚國無以為寶，惟善以為寶。」舅犯曰：「亡人無以為寶，仁親以為寶。」

　　《秦誓》曰：「若有一个臣，斷斷兮無他技，其心休休焉，其如有容焉。人之有技，若己有之；人之彥聖，其心好之，不啻若自其口出。實能容之，以能保我子孫黎民，尚亦有利哉！人之有技，媢嫉以惡之；人之彥聖，而違之俾不通。實不能容，以不能保我子孫黎民，亦曰殆哉！」唯仁人放流之，迸諸四夷，不與同中國，此謂唯仁人為能愛人，能惡人。見賢而不能舉，舉而不能先，命也；見不善而不能退，退而不能遠，過也。好人之所惡，惡人之所好，是謂拂人之性，災必逮夫身。是故君子有大道，必忠信以得之，驕泰以失之。

　　生財有大道。生之者眾，食之者寡，為之者疾，用之者舒，則財恒足矣。仁者以財發身，不仁者以身發財。未有上好仁而下不好義者也，未有好義其事不終者也，未有府庫財非其財者也。

　　孟獻子曰：「畜馬乘，不察於雞豚；伐冰之家，不畜牛羊；百乘之家，不畜聚斂之臣。與其有聚斂之臣，寧有盜臣。」此謂國不以利為利，以義為利也。長國家而務財用者，必自小人矣。彼為善之，小人之使為國家，災害并至。雖有善者，亦無如之何矣！此謂國不以利為利，以義為利也。

目次

第一章 儒通易道，圓中華文明，滿文化自信

第二章 大學三綱領，儒學大門引人向道

第三章 文明精髓最高心法，知行有根實用易道

第一章

儒通易道，
圓中華文明，滿文化自信

第一節
儒學是根易為憲法，文化自信經典有益

　　《大學》、《中庸》這兩部儒學經典，瞭解一點中華文化的國人都耳熟能詳。我們稱本書為「圓滿儒學」，在此就將展開一種繼往開來、耳目一新的解讀。

　　首先，我們要明白何謂「圓滿」，通常認為圓滿是禪門、佛學用語，而儒學概念更偏重於世間的學問，與出世間的學問並不搭邊。那為什麼我們要稱儒學為「圓滿之學」呢？所謂圓滿儒學，是否是孔子創造出來的學問呢？儒學在中華歷史文明長河中究竟處於什麼樣的地位呢？

　　現代社會我們談及儒學，往往覺得所謂學儒之人都是讀書人、知識份子，一味的講究道德、仁義禮智信，迂腐得很，為統治階級寫文章、整理文書，協助管教、治理百姓。因為這樣的認知現狀，在正式解讀儒學體系之前，我們應該先瞭解一些歷史，有助於我們更加全面的認識這套學問體系。

近一百多年來，從北洋軍閥時期開始，很長一段時間裡的「儒學」（此儒非真儒，實指「偽儒學」）接受到的態度，大多是被否定、被打壓。更有甚者，表達出很多這樣的感覺：以孔子為首的腐儒思想僵化固執，固化了中國的階層，屬於封建禮教，壓制束縛了百姓，使人們沒有了自由民主、沒有了創新。

歷史上的新文化運動、新民主主義運動，也都會以打倒「儒學」為口號宗旨，認為打倒「儒學」以後，便不再有君主一言堂。

事實上，早在甲午戰爭以後，中國人的自尊心就已經被打破，隨之而來的是洋務運動，進而又開展新民主主義運動，1912 年清朝覆滅，當年民國臨時政府即刻宣布廢止讀經、廢除祭孔。

然而，當時僅僅籠統的認為經典就是四書，經典就是為了科舉而讀，於是就不允許讀經了。這一重要事件，在歷史上留下了極為濃重的一筆。

縱觀中華歷史記載幾千年，從漢一直到現代，從來就沒有不允許中國人讀經典的時候，也從未有過不允許尊崇孔子的時期。哪怕是蒙元、滿清等少數民族統治時期，也

都允許並鼓勵百姓讀經尊孔。歷史上中華歷代君王，幾乎無一例外的盡皆尊奉孔子先師。

歷史記載中，只有太平天國和民國臨時政府這兩個時期，全面取消儒學教育，取消經典誦讀，取消私塾學習，徹底改為西學，這在中華歷史上也是非常重要的大事。

從那以後，中國人開始漸漸遠離經典，科舉不考了，沒有了晉升管道；經典不讀了，只是用利益引導眾生。當時的主流導向就是全面建立西學，教育僅僅考核西方數學、物理、化學等現代自然科學，全盤放下、放棄了經典，而這種影響一直波及到現在，使得中華大地近一百年裡，無中華經典。

很長一段時間，學生考試與經典基本沒有任何關係，所以百姓也都不再學習經典了。1912 年，是我們的爺爺奶奶，甚至再年長的一輩人，隨後新中國建國前後出生的一輩，再到改革開放前後出生的一代，如此算來，至少三代以上的中國人沒有學習經典了。

所以現在即使想學，存在一個嚴重的實際問題，就是還有誰能真正讀懂經典？基本上都得看白話文解釋，一旦沒有解釋，根本就看不懂，甚至連字都不認識。那麼，

我們的下一代呢？不言而喻，肯定更看不懂，而且受西方
教育的影響肯定越來越大，甚至全盤西化，這就是現在的
大趨勢。

　　中華祖先萬年流傳下來的文明文化，其實最重要的就
是儒學。漢以來，從漢武帝罷黜百家、獨尊儒術開始，儒
學體系就是我們中華的根，並且曾經帶領我們走向漢、唐
的盛世輝煌。

　　然而，儒在宋、明期間發生了巨大的轉化，直至完全
變成理學，其實已經開始變味了，到臨時政府取消尊孔讀
經，不允許學習儒學，曾經實用的經典儒學，已經基本被
徹底丟棄了。

　　中華歷史上一直尊稱孔子為「萬世師表」，中華的復
興的確需要儒學的復興、經典的復興。現在，國家一直在
呼籲復興中國優秀傳統文化，那麼優秀的傳統文化究竟是
什麼呢？眾所周知，佛學、道學並不是，都涉及宗教；戲
劇、小說也不能稱為優秀傳統文化，戲劇在元朝才產生，
小說出現於明清，真實原因在於古代中國人重詩詞。

　　大量產生戲劇，正是因為元朝時，經典儒學的讀書
人太壓抑了，無路求取功名，詩詞又不敢隨意亂寫，實在

閒得無聊，便憋在家裡創作了大量的元曲，況且人們對待演戲也不會太認真，於是在戲劇中可以有所映射，閒來無事在家中院裡唱一唱、演一演，著實是一種避世的無奈之舉。

因此，元曲難稱優秀傳統文化，更像是一種壓抑釋放。而現在的小說、詩歌、書法等文學藝術，真正有根基的人寥寥無幾，所以我們很難定義何謂優秀傳統文化。

事實上，只要涉及到傳統文化，我們肯定繞不開儒學，因為儒學是中華文明之主流。但現在我們的感覺好像是，想要治理黃河，卻不允許碰黃河，只能動一動諸如洛水、渭水等小支流，這就是因為真正的孔子儒學被丟棄後，至今還沒有恢復過來。在這裡，希望能將真正的圓滿儒學中，幾個相對重要的方面，盡量為大家展示出來。

首先，真正的圓滿儒學博大精深，貫穿中華文明的方方面面。我們中華民族的搖籃是黃河，沒有黃河就沒有華夏一族，所以我們稱黃河為我們的母親河。這個比喻用在文化角度上，可以講儒學就是我們中華文化的黃河，也就是我們華夏文明的母親河。

認真研究可以發現，在中華先秦歷史中，儒學並不是

憑空出現的，更不是孔子獨自發明創造出來的，真正的儒學源頭其實並不在孔子。那麼儒學到底是從何而來的呢？

　　儒學即周學。周學就是周朝文化的匯總、精煉和昇華，甚至可以說已經達到了圓滿的狀態，如此說來，儒學並不是一門孔子獨創的、封閉的學問。周文化以《周易》為代表，而我們現在口中常說的《周易》，其實包括兩個部分，一部分為《易經》，另一部分為《易傳》，《易傳》就是對《易經》的解讀與昇華。

　　繼續溯源周文化，則是來自於商文化，商文化的代表是《歸藏易》，雖然早已失傳，但也是一部《易經》。我們都知道，統治和管理一個社會，應該有基本法，也就是我們常說的「憲法」。

　　然而商周時期有憲法嗎？那時的統治以什麼為基準呢？作為一個朝代，一定有一套規則、標準，能夠實現統一的生產、生活，所以一般情況下，立國之時首先得有一部憲法，每個人都在憲法的規定下工作生活，所有人都得遵守，這樣生產、生活才能統一、整齊劃一。事實上，周文王著立的《周易》，就是全民生產、生活的標準。

　　現在我們把《易經》當作高深的玄學去研究，但在

夏、商、周的時候，《易經》就是人人都要遵守的基本標準。又是為什麼夏、商、周在《易經》的引導下，天下不亂呢？周又為何能夠經歷八百年朝代不倒，三十餘位周天子代代相傳？多麼不容易啊！那時候交通、通訊那麼落後，國家居然能夠治理得非常條理有序。那麼龐大的一個王朝統一組織起來，是多麼困難的一件事啊！

在那個歷史時期，人類社會能做到這一點的只有中華。當時的人類，非洲、南北美洲還是原始部落，根本不具備產生文明的基礎；歐洲當時也做不到，因為歐洲建立一個統一的大型帝國，根據歷史、地理的考證，公認存在著極高的難度，物理、地理等方面都不具備最基本的條件，所以歐洲的古文明史也一直在爭議中不斷的考證。

以上漫談中西方文明發展，並非捕風捉影，實因當代各界學者研究正酣。時至今日，我們研究儒學，學習中國優秀傳統文化，一定要對比世界，瞭解世界到底處在什麼文明高度。不能盲目的把孔子以及先秦諸子扔進歷史的垃圾堆，覺得好像找到了更好的、更值得學習的，也就是西方的哲學思想、美學流派、雕像藝術、文藝作品。

關鍵的問題是，現在學習西學的中國人，已經遠比

學習中華聖賢經典的多得多。談及經典，中華先秦諸子百家經典，第一個符合時代特徵的共同特點，即是用詞十分精簡、字字經典，因為那個時代書寫受物理條件的制約很大，比如周時用的是竹簡，商時用的還是甲骨，即龜甲、牛骨。龜甲本就很稀有，而農耕社會中，牛也是很珍貴的，牛骨必然同樣極為珍貴，所以在甲骨上刻文字，極為不易，更是惜字如金，必然字字經典。

而這種實際應用最為首要的原因，是因為甲骨、竹簡可以長期存留，所以中華經典的記載篇幅都精簡凝練，孔聖人窮其一生也僅有六經等幾部著作，總計字數才幾十萬字。

對比歷史記載，與中華的孔子等諸子百家處於同一年代的西方哲人，動輒著作涵蓋全部的哲學、軍事、經濟、管理、政治、藝術、文化、數學等各方面，亞里斯多德的著作總計可達三百多萬字，禁不住油然而生一個問題，如此巨著用什麼書寫？又是如何記載和保存的呢？

另外，人類社會發展的基本規律，需從遊牧社會發展至農業社會，才能形成人口聚集，而人口必須聚集到一定數量，量變達到質變，才可能產生文明。文明產生的四

大要素是文字、數學、天文和藝術，這些都不是可以用來吃飯果腹的，都是衣食無憂後，有空閒仰望星空的人研究出來的。

因此，我們可以系統的研究，東、西方歷史中農耕社會出現的時間，再看一看歐洲的地理條件、種植技術、農耕設備等的發展歷程，何時能夠形成走出森林、步入農耕的條件，以及產生文明的基礎。經研究發現，十七世紀以前，歐洲其實並不具備文明產生的條件，那麼歐洲的古文明是從何而來的呢？

眾所周知，知識一是需要積累，二是需要傳遞。傳遞知識不可能只是口耳相傳，必須有成形的文字來傳遞資訊，傳遞的是積累過的知識。如果文字不到位，不能表達知識本身的含義，也無法傳遞。這就是所謂的物理條件，所以表意功能的文字，是非常重要的。

我們現在講中國的傳統文化，那麼中國文字的構成和使用，我們稱為六書，形、音、意都有，而文字能表意是文明的象徵。並不是有了文字就是文明的起始，文字最淺層的功能是表音，深度的文字具有表意功能。

真正進行科學的文字研究，就會發現可不那麼簡單，

文字只有上升到表意階段的時候，才能傳遞思想，才能傳遞知識。我們現在可以深度解讀兩千五百年前古聖賢留下來的文字，就是因為有中華這套強大的文字體系，這方面在之前的《中華文明真相》叢書中有詳細的講解。

表音的文字是非常混亂的，絕對無法統一的，只跟口語化有關係。而口語都是不一樣的，四川方言、福建方言、上海方言、廣東方言等，幾個地方的人在一起交流，經常是雞同鴨講，根本不知道在表達什麼，但是大家一寫字，就全是統一的。

這樣一套文字體系只有中國才有。只有文字是在這樣的前提下，才能真正表意的供人傳遞思想，統一思想，才能傳遞知識，否則，四川有四川方言表音的文字，廣東有廣東話的文字，現在香港報紙我們還是基本看不懂，這就是因為文字不統一。完全按照當地的發音造出來的文字，其他地方的人都看不懂，只有當地人能看懂。

西方在文藝復興以前，所謂的文字就是如此，全是表音的，根本沒有表意的功能，因此雖然有文字，但是寫不出一整篇完整的文章，因為寫出來沒人能看懂，所以英語的第一篇官方發布的文章，也是在文藝復興以後。

因此，西方所謂的各種巨著，不可能是在那之前寫出來的，不具備最基本的物理條件「表意的文字」。尤其是詩歌，全是表意，都是象徵意義，還有科學技術等等，形、音、意的文字體系不完備，不可能創作得出來。所以，明確的歷史記載，把文字上升到表意階段、賦予表意功能，就是西方在我們中華文字基礎上得到的昇華。

　　再者，現在我們所使用的西曆，是以西元紀年的西方曆法。但是中國有天文曆法的記載，是在兩千五百年前的《尚書‧堯典》裡：「期三百有六旬有六日，以閏月定四時，成歲。」此即確立了回歸年長度為三百六十五又四分之一天。而且有古籍明確記載，歷史上具備星象官、天文臺的國家只有中國，其他曆法的考古遺跡、記載書籍的成書時間，至今也都成謎。

　　為什麼講解儒學的時候，要進行一些歷史對比？就是為了讓我們對自己有點自信，不要只是一味的迷信西方。當然，西方的量子物理學、心理學、腦神經科學、現代天文學等科學，我們都是要學習的，但這並不能代表他們從古代開始就這麼輝煌。

　　世道輪轉，綜合考證歷史記載，也就是四、五百年前

的文藝復興開始，中華才逐漸落後於西方。在那以前，整個地球上唯一有亮光的地方就是神州大地，如果那時能在衛星上觀察，整個地球只有長安、洛陽一帶是亮的。

後來隨著貿易的發展，我們中華神州的無數發明，由東向西透過阿拉伯國家傳到了歐洲，引發了所謂的歐洲文藝復興以及法國大革命，於是西方在自然科學方面開始長足發展，而中國逐漸從最高峰、最鼎盛的時期，開始走向沒落。

宋朝時期，中華達到了文明文化的頂峰，但中華文明在 1279 年出現轉折，之後的元統治了不到一百年，緊接著明朝又掀起一個文明小巔峰，到清朝中期又逐漸沒落，直至近二百年，一直落後於西方。

細心的研究者可以發現，中華明末時期正對應著歐洲第一次工業革命，其兩大特徵是蒸汽機和紡織機的發明，其實原型都來自於中國。

而且，歐洲的傳教士在那個時期之前就來到了中國，將大量中華典籍翻譯成歐洲文字，輸送回了歐洲，其中就涉及到很多中國傳統的先進科學技術，並把我們使用了數千年，自然應用山水、風火、人力、物力形成的天然設

施，改造成了機械動力設備，構造原理完全一樣。於是歐洲點燃了文明之火，引發了歐洲歷史上最重要的文藝復興運動。

要重新建立中華文明的自信，這就是在此對比講述這些的目的和意義。中國古聖人的存在，都有連貫的實據可查，子孫也一直繁衍不斷，經典著作都有出土原稿，對比西方巨著，基本上無法講究歷史證據。

近代以來，西方聯合起來告訴我們，中華老祖宗的流傳都是糟粕，輝煌都在西方。如此使得很多中國人認同了西方文化，中國人就沒有了自己，沒有自己的文明文化了，就這樣成為被壓榨奴役的對象。為此，我們一定要恢復中華文明的自信。

中華文明的主體是儒學，不是孔子創造，而是前面文明的延續和匯總。儒學源自於周文化，有著考據清晰的傳承延續和發展脈絡，周以前是商文化，更前面是夏文化。

夏文化的核心主體是《連山易》，中華文明就是這樣代代傳承下來的。夏之前是以黃帝為首的五帝時期，再往前則是人文始祖伏羲氏、天皇燧人氏、地皇神農氏，合稱為三皇，這都是現存記載中最高文明絕學的傳承者。

　　繼續再往前追溯，則稱為遠古或上古文明，我們已經不瞭解了，那個時期中華也有經典流傳下來，代表就是《山海經》。如此，中華形成了一整套文明體系，從上古到伏羲，從伏羲到黃帝，再到夏、商、周，由孔子透過儒學的匯總、精煉，又得以昇華與圓滿，至今也沒有能夠超越儒學的文化體系。

　　其實，我們直到現在還都在周文化延續的歷史長河中，還在受其影響，一直以來並沒有更為昇華的文明文化出現。任何一套文化體系，從興起到衰落，之後都得有新的昇華。

　　周文化，亦即是儒學文化昇華到了這個高度，但人類幾乎沒有現代文明能夠接住這套文化，一旦真接不住，中華文化就沒了。沒有了自己的文明文化，民族就不復存在了。文化、文明是我們的根，如果一個國家只有人，不要文明、文化的依託，就沒有凝聚力，就不能再稱為民族了，一定會被其他民族所奴役。

　　現在中國人為什麼沒有力量，就是因為連自己的老祖宗都不認了，只知一味向著國外。要麼重塑文化和民族力量，要麼就被奴役，我們現在處在一個轉捩點時期，在我

們這一代還是有機會的。如果我們抓不住這一代的機會，下一代更不可能再有機會可抓了，那時能夠解讀經典的人全都沒了，還談何文化復興。如果真是那樣，後世子孫最應該罵的就是我們這代人，我們就成了歷史的罪人。

因為抗美援朝，我們做到了幾十年沒人敢動中國，換取了我們近百年平安，如果抗美援朝這一仗不打，西方依然會覺得我們是東亞病夫。

中華已經積弱近千年，僅憑此一役便重振雄風，之後百年不用再打仗。因為有毛澤東這樣的領袖，才能下定決心一個國家迎戰全世界。彼時西方時時處處都想欺負中國，而當時的中國一戰成名，徹底讓西方知道，中國人不好惹。

時至現在，我們的國家民族同樣需要像那時一樣，不怕西方，有強烈的民族自信、文化自信，進而有強烈的民族自豪感，這都是要有底蘊的。

中國人在危難時都可以為國家、為民族拋頭顱灑熱血，如毛澤東青年時期作的《心之力》一文所發之聲，我中華泱泱大國，一直以來都是輸出文明，擊潰海盜，降服侵略，堅定自信，不信西方，擁有著極其強大的民

族自信。

中華所有的力量，都是從我們的經典中來，經典是中華真正的優秀傳統文化，蘊藏著我們的文化自信、民族自豪感，這股力量一經激發出來，既可以用在家庭生活，也可以用於事業工作，還可以用於國家民族的興旺發展，現在的我們，急需這種力量。

建國初期我們特別有力量，七十多年過去了，經濟發展了，錢多了，卻頹廢了……，這才是當前最大的問題。沒有方向，只是看錢，沒有了精神生活就沒有了精神頭，對自己的文化一再否定，對自己的民族毫無自豪感，精英都想離開這片土地，還談何凝聚力，中華的力量又何在！

所以，我們要重拾經典，重讀經典。讀經典並不是簡單的拿起書來就讀，我們必須古今中外比較著讀，讀出滋味來，讀出內涵來。否則，帶著對西方的崇拜去讀中華經典，哪能讀得下去？人生的時間、精力、資源有限，要在有限的時間內，去讀可以使我們利益最大化的經典。

中華經典離不開儒學主脈，儒學體系博大精深，用一生去學習都學不完，是中華文明整體脈絡方方面面的總結，各個領域在儒學中都能找得到。儒學既不是一家之

言，也不可能一、兩本書就能講明白、學透澈。

本書透過解讀《大學》、《中庸》，讓我們先瞭解儒學的一個面，包括儒學和文化的關係，儒學是如何影響人生、事業、家庭等各個領域的，儒學與心性心學、謀略決策學、財富商聖學、帝王管理學等各方面學問體系的實用關係。

其實，一部書只能讓大家找到一點感覺，真正的圓滿儒學是要用一生來學習的。首先，我們一定要清楚，儒學的修習如果達到了一定的境界，對我們的人生會有著非常正面和全面的作用與意義。

第二節
格物做學問，經典是方向，
科技革命源自中華

　　本書的開始階段，為大家提供了一個線索，所講的不一定完全精確，只是想告訴大家，一定要學會帶著質疑做學問，不能一味盲從，不能人云亦云。

　　比如我們都曾聽說，畢達哥拉斯提出地球是圓的、球型的，哥白尼提出了日心說，於是我們應該去查一查歷史，看看是什麼年代提出的說法，有沒有地理基礎、物理基礎，又是如何觀測得出的結論。真正做學問是不是就應該這樣！

　　中國古人將這樣做學問的方法，稱為「格物」。一定要方方面面都有所質疑，然後一點點的論證，而且要有論據，才能知道這套學問是踏實可信的、真實不虛的，在此之後才能決定學還是不學，這是一種學習的態度。

　　現在我們在網路上看短影音的時候，都好奇於外星

人、麥田圈、巨石陣，甚至探密埃及金字塔、揭密美國第51區……等等。然而有一個問題就是，現在都認為外星人代表宇宙中的高科技，為什麼外星人只喜歡去美國、英國、法國這些西方國家？為什麼從來不到中國來呢？

長城是世界奇蹟，但歷史明確記載那是中國人一磚一瓦建造的，為什麼中國就沒有麥田圈、巨石陣這種解釋不了的奇蹟呢？外星人對國家還有歧視嗎？是不是因為中國不配合他們？麥田圈是不是種藝術作品呢？我們有沒有想過這也是人為的？我們逐漸形成一種共識，覺得西方更加先進，是外星人高科技的代表，越來越覺得自己土得掉渣、孤陋寡聞。

在此，我也只是為大家提供一絲線索，打開一扇窗，感興趣的朋友可以去研究。現在這些線索的尋找，也是因為我們在傳播中華傳統文化的時候，經常會遇到很大的阻力，尤其遇到現代精英時，一聽說中華古聖賢就會與西方哲人去對比，認為西方哲人巨著涉及現代各個領域，而中華的孔子僅僅研究人文，只是一個老師。

如果沒有深入的研究，我們經常被問得啞口無言，甚至很有自卑感。在此，先跟大家分享一點這方面的粗淺認

識，盡量安住我們自我懷疑的心，心安了才能專心學習我們中華祖先的文明智慧。

西方科技與文明的基礎都源自於中華，這已經成為現在的正式研究結論了，而且逐漸要發展成為一門學科。但是，從這個角度研究西方的人還是特別少，如果大家感興趣，這個方向是值得鑽研的。

近兩百年來，文化的入侵在中國掀起了一股疑古風，針對中華文明文化發出諸多質疑，懷疑老子的真實存在，認為《道德經》是偽造的；認為孔子的存在需要考證；不認同六祖惠能而聲稱《壇經》是假的，日本的禪才是正宗。如此，中國人就開始質疑自己的經典、自己的聖賢。

儒學經典在歷史上也都是起起伏伏。曾經在所謂焚書坑儒的時候，儒學經典也被列為民間要燒毀、不可以在民間流傳的一部分，那時誰留著這些經典不交公、不焚毀，滿門都要抄斬。所以儒學在那個時期已經都沒有了，後面是一個非常巧合的機會，孔子後代在漢初重新維修曲阜的老宅，把一面牆推倒重建，發現這些經典都在牆壁裡面，而五經就在其中。

歷史上這個偶然事件，也是非常重大的事件，如果沒

有這次事件，我們後世人甚至不可能聽說有孔子這個人，也不可能聽說六經六藝，更別說學習了。

六經為何只剩五經了？因為經歷了焚書坑儒，孔府牆壁裡藏了近一百年之後，就挖出了五部經典，沒有《樂經》，而且《樂經》到現在也從未找到過。所以，這是非常偶然的歷史事件，才讓我們知道孔子的故事，以及孔子編著的經典。

在我們的歷史長河中，得有多少類似的事情、有多少光輝偉大的聖人，甚至比孔子還偉大、著作還要多的聖人，就這樣失傳了，在歷史長河中消失了。連年戰亂、火災、水災……，竹簡傳承的很多著作經典就沒有了，現在能流傳下來、幾千年後還能看到的，可能只是萬分之一，甚至百萬分之一。

現在我們依然還能留下這麼多經典，足以證明我們的中華古文明曾經是多麼的璀璨啊！太多的資料、著作，我們根本就沒見過，其實這些書籍、珍寶等都在皇家留存，所以大明宮廷裡有各種各樣的典籍，其中有軍事的、數學的、經濟的、農業的、教育的、天文學、曆法的，方方面面都有。

　　西方傳教士到了中華以後，發現一下打開了人類歷史的寶藏，於是想盡辦法把我們中華的文明科技等都運到了歐洲，之前的歐洲甚至連文字都沒有真正成形，重新翻譯創造成歐洲文字後，回過頭來一起矇騙中國人，把先進的現代科技全部說成是從西方傳入中國的，顛倒黑白到了這種程度。

　　研究一下西方歐洲歷史，就能夠發現歐洲到底是如何開始文藝復興的，又是怎麼開始科技革命的，就是因為中華的文明資料到了歐洲，才真正開啟了他們自然科學的研究。

　　而現在愈演愈甚的是，只要中華傳統文化有恢復的苗頭，就會被打壓，所以，現在想挽救和恢復中華文化，真的不容易，而我們只有清楚這些，才能清楚學習中華經典的意義。

　　我們的根都快被刨沒了，只剩一絲半縷的連繫了。1279 年，中華文明這棵參天大樹倒下了，但樹幹與根系之間還有些連接，又經過這麼多年不斷的精神入侵、文化入侵，僅存的連繫也都斷得差不多了。

　　入侵者不斷的顛覆著我們的認知，改變著我們中華兒

女的信仰，將我們曾經強大、萬年輝煌的歷史文明，以及文化、科技等方方面面，黑白顛倒、完全顛覆，最終，使得我們自己都不知道自己曾經的高度了。

即使我們知道兩百年前的中華一直屹立於世界巔峰之上，現在也難免開始懷疑自己，覺得是因為自己的孤陋寡聞，才不知道西方更加強大，而後便開始遠渡重洋去學習，去認同西方的文化、科技、哲學、文明、歷史……，直至無法擺脫的被牽引和掌控。

所以，我們首先需要正本清源，正我中華民族之本，清我華夏文明之源。否則，我們學習中華自己的儒學時，就會始終帶著被人植入的質疑，總是在疑慮，學這些兩千五百年前的古老經典真的有用嗎？

不爭的事實是，現在各種勢力正在不遺餘力的打壓我們中華先祖的科技、文化、文明，但同時又在瘋狂的學習著我們的先祖經典。研究發現，不僅第一次、第二次工業革命離不開中華文明，第三次科技革命也都是在中華文明智慧的基礎上延伸出來的。

電腦的出現是基於萊布尼茲的二進位，而萊布尼茲也公開發表了自己對中華文化的精深研究，二進位即是來源

於《易經》的陰陽之道。之後，量子力學創始人波耳，也是《易經》的深入研究者。而且，他們都不只是一代人在研究中華文化，而是整個家族幾代人都在研究，甚至波耳家族的族徽上，核心位置就是太極圖。

這些都是我們平時意想不到的，我們總以為是我們在向西方學習先進科技。然而事實卻是，直到現在，西方精英層最頂級的人群，全都在研究我們的《易經》、《道德經》。

他們的策略非常成功，讓中國人自己慢慢的把祖先的寶藏全部當成垃圾丟掉，他們卻把這些寶藏偷拿了回去。西方為得到中國的文物古跡，不惜一切代價，使得一些中國人盜出自己國家的珍寶，販賣到國外。

西方一旦得到中華的千年文物，就如獲至寶，從中吸取的智慧，就是他們下一步發展的動力。而我們作為中國人，卻總是詆毀自己祖先固執、僵化，因此將曾經那麼先進的文明科技，拱手送給了西方。

從明朝開始，中華的科技被裡應外合的整體搬向西方，然後改頭換面又帶回了中華，我們卻全盤接受了外來的科技。

比如防治天花，現在的說法是清朝時，外國傳教士最先在中國用牛痘成功防治天花，然而歷史明確記載，中國早在一千年前的唐宋時期，就有了人痘接種技術。而歐洲在十八世紀末出現牛痘以前，一直飽受天花的摧殘，是因為中華的人痘接種技術傳到了歐洲，在此基礎上改造出牛痘，才控制住了天花的肆虐。

　　如果把這方面當作課題不斷研究積累，就會發現中華真正的偉大，打破對西方的盲目嚮往，按照這個線索尋找，會發現更多的真相。

　　中華文明的研學者，都有共同的大願，就是振興、復興我們真正的傳統文化。我們要從我自己開始，到我的家庭、家族，甚至到國家、民族，重新建立文化自信，建立中華文明的自信和民族自豪感。

　　每一個人都必須經歷「讀萬卷書，行萬里路，閱人無數」的過程，才會打破「我以為」的錯覺，真正學會開始質疑，進而看到背後的真相。這也是學習的過程，我們並不是呆坐在這兒讀經典、背經典，如果做不到睜開眼睛看世界，那就只是一個迂腐的書呆子。

　　僅僅記住經典，沒有方方面面廣博的知識，根本看不

到真相，也就不知道究竟為什麼要學經典。我們不僅要下功夫學經典，更重要的是睜開眼睛看世界，邁開雙腿感受世界，去接觸中外黑白、各種各樣的人，才能知道經典給予我們的是什麼，才能知道怎麼應用這些經典。

真正能夠用好經典的人，必是知識淵博、眼界開闊的人，這就是物理條件。如果手捧經典，人在避世，沒有開闊的眼界，沒有走過任何地方，沒有經歷過任何事，只是沉浸在經典中閉門造車，絕不可能獲得成功，成就大業，成為偉人。

中華經典就在告訴我們，第一要**博學**，即讀萬卷書；第二要**開闊眼界、擴大格局**，即行萬里路；第三要**多接觸人**，多跟人打交道，通達人心，即閱人無數；最後才是**明師指路**，我們被指引著走上昇華的階梯。

整個過程都不可或缺，如果有缺必須得補，要人情練達、世事洞明，一定要去經歷。所有的修行，一定不是閉門造車，不是在家苦讀經典，必須入世、接觸人、處理各種關係，見識多、眼界寬、博學多聞，方方面面的知識都要掌握。

經典僅僅是智慧的一部分，是總綱領。沒有總綱領，

天天做事、天天旅遊、天天見人，也沒有意義，反而就像無頭的蒼蠅一樣沒有目標。經典是方向、是綱領，要在通讀經典的基礎上，讀萬卷書，行萬里路，閱人無數，明師指路，這就是我們中華古聖人的智慧。

先講宏觀，古今中外對比一下，大家的心就能安了，不會再受西方影響了。都是在十七世紀以後，西方突然出現各種書籍記載，之前的歷史都是傳說，而且是斷代史。

不可否認的事實是，中華文明包括語言文字、科技藝術，被送到西方引發了文藝復興，自此西方在中華的基礎上開始崛起，進而趕超中華，近兩百年來實現了超越，這是比較客觀的說法。明末清初以前的中華，遠遠超過了文明尚未形成的西方太多太多。

我們現在可以學到，兩千五百年前先師孔子留給我們的儒學經典，這在西方是不現實的。然而，我們的經典都被西方借鑑去了，包括經濟體制、政治體制，也被借鑑得淋漓盡致，同時我們的哲學、經濟、醫療、教育、科技、農業、工業，方方面面都是出口轉內銷，都是西方先從我們的祖先那裡借鑑去，而後我們再從西方學習來的。

「哲學」這個詞，本是西方創造的新詞彙，以前中國

是沒有的，所謂的哲學在中國都歸於「道」的範疇。中國其實已經用了很多的外來詞，但卻渾然不知，也是非常可悲，就這樣一點一點的被人同化了。

「員警叔叔」是我們孩童時的口頭禪，但「派出所、員警」這些詞語，都是日本侵華時沿用下來的日語詞彙，逐漸變成了我們中國的常用詞。然而，這些詞是權力的象徵，我們完全沒有任何警惕、警醒，試問在我們的內心中，自己到底是被誰管著呢？

這些年，我在世界各國行走，逐步認清了西方的真正面目，更加全面的知道中國人是最善良、最仁義的，也明白了中國所謂的法律不健全，有其合情合理的原因。因為在中國，人情大於法律，中國不需要法律太健全，很多事情透過人情、道德就能得以妥善解決。

西方法律為什麼那麼健全，究其根源其實是為了約束海盜的人性本惡，甚至生活中所有細節都得約束到，所以西方遍地是律師。中國的律師遠不如西方多，因為中國人太可愛了，根本沒有那麼多官司。

然而，中國是農業國家，周圍一圈都是海盜，顯而易見，必須要把我們的鐵血激發出來，首先千萬不能在精神

領域、文化方面被腐蝕掉，不能一味羨慕、嚮往別人，總是覺得自己不好。其實，真正瞭解世界後就知道，中國人才真正是善良、勤勞、仁義的，是最和諧的，而且是最懂禮、最大度、最不計較的。

第三節
中華教育成於夏商周，禮規底蘊濟世經邦

　　在前兩節的基礎上，我們可以安心解讀《大學》了。《大學》一書，書名的來歷即是「大人之學」，也就是成人的學問。從體制來講，中華古代自黃帝以後，經歷堯、舜、禹，而後夏、商、周，夏建立了中華第一個政權，即第一個家國。

　　在夏之前，中華不是家國制，而是禪讓制，黃帝、顓頊、嚳、堯、舜相繼傳位，不一定是傳位給兒子，而是傳位給有德、有力量的服眾者，和平轉讓政權。而禹的兒子啟，統一九州各部落，建立了傳位予子的家傳制，也就是中華第一個正式的朝代——夏。

　　我們的教育，從夏開始就有明確的記載。夏、商、周時期，教育都是在貴族階層進行，只有王室貴族子弟才能接受教育。到周初時，已經形成了一套非常成熟的教育體制。

周初的教育學習，從讀書這個角度來講，學習的就是「詩書」，詩即詩經，書即尚書。然而，此時的詩書還不是後來孔子編纂的經典《詩經》和《尚書》，此時的「尚書」是指上古之書，還不是一本書，而是上古遺留下來的典籍碎片。

　　上古大洪水之後，八大高山上面下來的倖存者，帶著倖存的上古典籍，雖然已經被洪水沖得七零八落，但是在民間這些碎片被統稱為「書」，亦分別稱為兩部分，一部分稱「詩」，一部分稱「書」，還尚未統一成冊。真正使其成為一本書籍、成經成冊的人，就是東周春秋時期的孔子。

　　夏、商、周時期的教育，就是讀這些分散於各家的碎片，這一家中有甲骨，那一家中有鑄刻金文的青銅器，後來發展出不同寫法的大篆、小篆、隸書，用竹簡記錄，人們互相之間借閱。

　　周初時貴族的孩子受教育，即是八歲開始讀未經整理的「詩書」，同時學習「六藝」，即「禮、樂、射、御、書、數」。在此說明，六藝並不是孔子發明創造的，夏、商及周初就逐漸形成了，尤其是在周初時盛行，到孔子時

將其發揚光大。

孔子之於文化，做的第一件事就是編撰六經，把各家散亂的詩書，大範圍的搜尋收集起來。他幾次拜訪老子，不僅僅是問道，更因為老子是當時的國家圖書館館長。孔子收集詩書，一定從老子那裡得到過很大的幫助，因為周初的政府，動用了很大的人力、財力、物力搜集詩書，都存放在國家圖書館裡。

我們都知道，老子編著的《道德經》是語錄體，整篇五千言不像是一個人寫出來的，語句前後都不連貫，根本沒有統一的邏輯，其實就是因為老子是國家圖書館館長，上古之書的碎片都集中在那裡，方便抄錄，所以一本《道德經・五千言》對老子來講很容易編寫，基本上是由碎片輯錄而成。

孔子的另一大貢獻，就是把「詩」刪減精選至三百零五首，刪去意義不明的、重複的、同質的內容，並整理成冊，形成《詩經》。

其實，孔子的六經基本都是彙集成冊的，六藝也不是孔子發明創造的，是早已在貴族中流傳使用的教養之學。孔子是將本來貴族子弟學習的，傳授給了平民，因此孔子

開創了有教無類、廣開教化之門的先河，被譽為萬世師表，但他並不是歷史上的第一位老師。

在孔子之前和之後，老師的意義有所不同。之前有眾所周知的黃帝的老師岐伯，其實堯、舜、禹也都有老師。在此我們也講一下，為什麼有「師」這個稱呼。

其實最早的教育是在軍隊裡，夏時就有了軍隊，因為需要統一化的管理和訓練，也就是需要教授武器如何使用、方陣如何排列等。軍隊裡的軍官就是負責教戰士的，因而「師」就是軍隊裡的一個職位，後來傳到民間也稱呼師。

所以，師這個概念，夏的時候就有了，後來又有了師父這個尊稱，意即指「一日為師，終生為父」，然而中華自古並沒有老師的說法，只是稱師或師者。

追溯起來，真正意義上中華的教育，從黃帝時期就開始了，而且那個時期最注重的就是教育。而同時期的西方則完全不可想像，因為那時他們基本還都是山林之中的蠻族。

到周朝，民間教育的師者，即是各地的官員，比如縣長、鄉長，他們負責教化當地的人，即所謂官者為師，

每天吃完飯到穀場，坐在大樹下，地方官給大家講一講，學生也不局限於貴族。我們現在「學校」的稱謂，也是因為校場是軍隊訓練的地方，也相當於民間茶餘飯後去的廣場，於是將大家學習的校場簡稱為學校，一直延續應用到現在。

那時學習都是教一些生產、生活的基本內容，不會教詩書、六藝。真正學習詩書、六藝的，還都是貴族，而且是由小貴族來教大貴族的孩子，如此一直延續到周的中後期，直到孔子時期。

而孔子開創了有教無類之先河，即不論貴族還是貧民，都可以來學習詩書、六藝，這是非常關鍵的歷史事件。在當時，孔子那麼做並不符合祖制，打破了規矩。為什麼孔子要打破規矩呢？其實也是為了生活。

孔子十五歲前是貧苦農民，他的媽媽未婚生子，放在現在都挺難，兩千五百年前更難。而且孔子十五歲時母親就去世了，之後鄰居才告訴孔子，他的父親孔紇是貴族，開始有條件學習了，於是才有了孔子「十五有志於學」的典故。

雖然孔子認領了貴族身分，但並不給他貴族待遇，

沒有糧食奉祿，即使入學勤奮學習，也沒有大貴族請他教孩子，於是他又回到母親家鄉顏家莊，把所學的教給鄉親們，學費為束脩，一束脩即十條臘肉。

開始來學習的都是娘家親戚、鄉鄰，比如曾參、顏回的爸爸，髮小兄弟給面子跟著孔子學習，這些人自己學到什麼了也不得而知，但是兒子都成了聖人。為了求生，孔子被逼打破原有的規矩，始創有教無類，從此開啟至聖先師之事業起點。

所以孔子並不是歷史上第一個老師，至聖先師講的是這個角度，指孔子是第一個把教育開放給平民的人。有教無類，加上編撰六經、通達周易，因為這三大貢獻，孔子才被稱為萬世師表。

詩書、六藝是幾千年前貴族學習的重點，中華的偉大因此從教育這個角度得以體現，我們在夏、商、周時期就已經有了成型的教育體系，現在的中國卻要向西方學習如何教育，情何以堪！

幾千年前的中華先進教育，都是西方跟我們學去以後加以改造，返回頭來再教給被侵蝕的現代中國人，真是讓人哭笑不得。中華古代貴族的孩子八歲入小學，十五歲入

大學。小學即小人之學，大學則是大人之學，所謂小人指的是小孩，接受的教育就是詩書、六藝。

談及上學，首先要講到漢朝，漢武帝時期全國普及儒學教育，所有孩子八歲上小學，開始逐步學習《爾雅》、《孝經》、《論語》。《爾雅》就是字典，記載、解釋了一萬多個字，但現代人已經不學了，也就不會寫文章了。古人之所以提筆成文、出口成章，而且合轍押韻，就是因為他們從小學了《爾雅》字典，因此《爾雅》是中華萬世文章之根本。

中華文章，也就是古文、文言文，到底有沒有規則呢？其開頭、結尾、轉折，「之乎者也」的運用等等，是不是相當的繁複？其實古文根本沒有複雜的規則，歷史上從來就沒有人教文言文的規則，但是古時候的讀書人開口都是文言文，還都聽得懂，而且特別簡練，合轍押韻。

那時候，「之乎者也」不僅是語氣詞，也用以停頓，因為那時候沒有標點符號，文字都是相連的，所以用感嘆詞等語氣詞作為停頓和斷句，但沒有什麼固定規則。

那麼如何學習文言文才能像古代一樣，即便是很年輕的讀書人，出口就是文章呢？其實就是因為他們自小學習

了《爾雅》。

《爾雅》是萬世文章之根本，只要學了就會寫文章，到底是為什麼，我也不知道用何語言才能描述出原因，但是不學，真就是不會寫文章。《爾雅》得熟讀、背誦，一旦熟了，自然提筆、張口即成文章，其實文言文的規則都深藏在其中，只是並不顯於外，無以言表。

現在我們看《爾雅》，甚至多半部分的字都不認識，即便知道讀音字形，很多也不知道是什麼意思。其實我們只需要把字認識了，然後堅持不斷的念、讀和背，不需理解，這就是中華文字的神奇之處。

不僅在古時，現在的孩子也是一樣，堅持念《爾雅》，文章就能寫得好。大考國文考試，作文是重中之重，而作文可不是只學會現在的作文六要素就能寫好的，語言優美程度、思想深刻與否，做好這些，作文才是真正寫得好。那就得熟讀、背誦《爾雅》，還包括《詩經》、《論語》和《孝經》。

《爾雅》是識字規則，字是文章之根本；《詩經》則是韻律，熟讀《詩經》自然就能掌握韻律，寫出的文章自然就有韻味；《孝經》是內涵；《論語》則是做人、做事

之道。這四部經典讓孩子一步步的接觸、熟悉，就基本掌握全面了，這就是小學應該學習的內容之一。

　　然而還要強調補充一點老生常談，除了讀書，課外還要教習灑掃、進退、應對，這些社會之禮，也就是規矩。實際生活中，三歲開始就應該在家裡教規矩，即家庭之規。入小學後開始教社會之規，灑掃是指一起做清潔，進入一個集體鍛鍊統一性、服從性，安排值日鍛鍊分工、配合、協調能力，如此開始學習融入社會，融入集體生活，開展團隊協作；進退是指行為做事有度、有界限；應對則是指溝通，學習面對老師、同學時不同的禮節。綜合起來，灑掃、進退、應對其實都是在學規矩，亦即是學禮。

　　小學的學生不僅要讀經典，還要知禮、懂禮、有禮，因此同時還有課外活動「六藝」之禮、樂、射、御、書、數。首先，行禮也是一種日常活動，是在課外活動之中教給孩子內心誠敬、孝悌之道。

　　在另外五種活動中，樂教溝通之道，射教成功之道，御教御人、管理之道，書教「六書」是文化之開端，即調心之道，數教《易經》數術與九數，即自然運行之道。

　　九數即九類數學，亦稱九章算術，現代教育都在學習

西方數學，但即便是數學博士，九數又會幾數呢？對於真正的天地規律，很可能一數都不會。中華古老的數學稱為數術，古代小孩八歲就開始學，都是非常實用的丈量、稱重、幾何等等，共有九數（方田、粟米、差分、少廣、商功、均輸、方程、盈不足、旁要），但是細數起來我們震驚的發現，自己現在基本上都不會。

其實，兩千五百年前的古代小學生，學的東西很多，壓力比現在的學生大得多。現在小學就是學習國文、數學、英語、自然、社會等簡單幾門室內課程，基本上只學了古時小學內容中的極少部分。

所謂的數學只是六藝之數中很小的一部分，所謂的語文也沒真正學多少文字，經典更是幾乎一段都背不起來。甚至我們發現，現在的教育在孩子非常關鍵的八到十五歲期間，實用的道德品格、做人做事、灑掃進退應對的道理和方法，幾乎一點都沒有教。可悲啊！中國人素質越來越差，跟現代教育有直接的關係。

更不必說《詩經》的高維度浪漫情懷，現在一點都沒有了，甚至男女示愛、吐露真情的時候，基本上沒幾句像樣的語言，真的越來越是「有文憑沒文化」了。現在中國

人的文章，境界、深度難找，美的標準更是難以理解，甚至使人感到難受，為數不多的世界獲獎作品，評選動機也耐人尋味，甚至難以啟齒。

我們中華兒女，應該充分瞭解並且充滿自信，真正的美、真正的藝術、真正的文化，一定出自於華夏。《左傳》有云：「有章服之美，謂之華；有禮儀之大，故稱夏。」華夏二字便已告訴我們，真正的美正出自於此。

文章之美，來自於華夏經典《爾雅》、《詩經》朗朗上口的韻律，來自於《孝經》、《論語》舒暢的語言和深厚的內涵，如此薰陶之下，提筆即出好文章，美亦從中來。

但是現在已經不學這些了，所以文章寫作乾乾癟癟，作詩也都是打油詩，還有何美可言？曾經我們的華服美章，是中華顯露於外、蠻夷羨慕不已的真正的美，結果現在我們不僅完全的失去了自己的美，反而開始羨慕蠻夷了。

古人小學的一套教育體系，培訓七年，既有室內的讀和寫，又有室外的寓教於樂，還有禮數規矩。古代小學沒有思想總結，現在學語文要寫讀後感，總結中心思想，小

學生特別痛苦，這麼大的小孩能總結什麼，都是跟西方學的方法。而我們中華，自夏、商、周以來幾千年，這套教育體系就沒有變過，成功培養出了一代又一代的精英，歷史上比比皆是。

西方的教育才發展了多長時間？還未經歷時間和歷史的驗證，難道就能判斷認為是好的嗎？現在很多經歷過層層選拔、畢業於最高學府的畢業生，不會做人，甚至道德敗壞，進入社會根本不會跟人打交道，基本禮數都不懂，社會規矩更不懂。

如果可以用這套中華千年流傳的教育體系教自己的孩子，我們會不會有心動的感覺？早晨上學首先灑掃、進退、應對，有禮數、有規矩；上午讀《詩經》、讀《爾雅》，穿插著學《孝經》、《論語》；下午是六藝，在室外玩起來，玩的過程中再深入感受這些學問，如此七年培訓下來，孩子既知禮，又懂規矩，既會做人，又會做事。

《孝經》教做人準則，《論語》教做事準則，讀《爾雅》背《詩經》，出口即吐芬芳，十五歲提筆自然出文章。然而我們現在即便想恢復大漢精英教育，也幾乎沒有老師能教了，父母也都不會，孩子哪還有氛圍。

　　事實上，多讀《詩經》，講話自然而然就懂得節奏停頓，不管講什麼內容，大家都願意聽，這裡面的奧祕就是韻律。韻律是中華一大祕密，自古以來，孩子從小就在練。有韻律的人不會粗魯、粗俗，五官長相、身材姿態都有儒雅的氣質，體型勻稱，外表俊朗。

　　對現在的孩子，父母帶著讀一讀《詩經》、《爾雅》，再看會不會有變化，會不會往清秀發展。韻律的背後是頻率，起節奏，這裡面有大奧祕，這就是樂。我們先祖的這套教育體制，整體符合大道之理，西方望塵莫及，他們雖學到了形，但學不到神。

　　古時的大學即十五歲之後，學的就是修身治國、濟世經邦的學問了，基本上就是完整的儒學體系。但是要進入大學，一定是在七年小學的基礎上才可以，得具備那種基礎和底蘊，是個相連相接的過程，要求更高。大人之學、成人之學，沒有小學的基礎，根本學不明白。

第四節

儒學源於真言，三脈傳承，陰陽平衡

　　圓滿儒學一書，為什麼把《大學》、《中庸》從儒學經典中間單獨截選出來，因為這是精髓，是框架、體系。此外，《論語》是語錄，其中全是碎片，不涉及體系、框架和精髓；五經即《詩經》、《尚書》、《禮記》、《易經》、《春秋》，也都是不同方面的碎片，單講一兩部也無法知道儒學整體面貌到底是什麼。

　　儒學博大精深，只有《大學》和《中庸》，文章既短，又成體系，是對儒學的概念總結和全貌概括。在此基礎上，再去一步一步的學習儒學十三經等其他經典，就會有感覺了。因此《大學》、《中庸》是儒學體系的入門之道。

　　《大學》不是孔子寫的，是孔子的弟子曾子寫的。提到曾子，我們就要先講一下，儒學自孔子之後的傳承，基本上有三個途徑，即心性學、帝王學、玄學三條線。

　　第一條線是主流，曾思孟學派，曾子、子思、孟子一脈相傳，其中曾子是宗聖，子思是述聖，孟子是亞聖，但孟子之後就沒落了。直到宋朝時期，這一條線由二程、朱熹續接上了，還包括明朝的王陽明。這條傳承線，亦可稱為儒學的心性學，講修身修心，務虛比較多。

　　說到修心先想佛學，但是佛學並不是第一個講修心的。第一個提出修心的是中華十六字真言：「人心惟危，道心惟微，惟精惟一，允執厥中。」亦稱為十六字心法，是中華上古傳下來的，黃帝以後，堯、舜、禹禪讓傳位時，傳的就是這十六字真言。

　　何謂人心，何謂道心，何謂允執厥中，這十六個字理解透澈，統治就沒有問題了。代代相傳，後世傳到儒學，《大學》即是講心，《中庸》講中，中國人任何事情都講究中，沒有中即是偏了、不平衡了。

　　第二條線，是荀子、韓非子、李斯、董仲舒、王安石等等，是帝王學，講濟世經邦，在歷史上做出了巨大的貢獻。韓非子和李斯，幫助秦統一六國，實現秦始皇的大一統，是法家的典型代表荀子的學生，荀子又是孔子的後幾輩學生，完全是儒家一脈。歷朝歷代都是這一類大儒

出世，挽狂瀾於既倒，諸如范仲淹、曾國藩等，都是荀子一脈。

第三條線，儒學還有一脈是暗傳、密傳，歷史上都沒有記載，即玄學。《易傳》是孔子在解讀《易經》，其中全是玄學，但曾子、荀子都沒有掌握，既然孔子知道並掌握了，當然會傳承下去。

事實上，我們發現《鬼谷子》中記載的方法、手段，跟《易傳》所述非常接近，是一脈相承的，而且歷史上真正能把玄講得非常透澈、明白的，就是孔子。現在所謂的玄學大師、能掐會算的大師，在玄學方面真正能把理說透的，沒有人超過孔子，那些大師都側重於術，都是虛無縹緲的，真正能稱為掌握玄學的就是孔子。

儒學體系法脈傳承，傳下來的基本上就是這三脈，其中玄學一脈先不必關注。我們研究孔子儒學，或從曾思孟一脈，或從荀韓李董一脈來研究，得有一個導向。《大學》、《中庸》就是心性儒學、修身的一脈，講修身的治不了國，相對務虛。孟子說人性本善，荀子說人性本惡。由荀子一脈的人性本惡發展成法家、帝王學一脈；由孟子一脈的人性本善，發展出心性學，即禪學、佛學。

　　不要以為禪、心性學就是六祖惠能開創，學了《大學》就會發現，其實比六祖惠能早一千多年前，儒已經把心法、心性說得非常透了，禪只是在那個基礎上發揮一下，其實也沒發揮多少，因為《大學》、《中庸》已經把禪完全涵蓋，禪、佛法沒有超出之處。如果都是一回事，出現早者即是源頭，這就是儒學修身的一門學問。

　　要想學習治國，就得學荀子一脈的帝王學，《韓非子》、《鬼谷子》都是荀子一脈，孫武的《孫子兵法》、商鞅的《商君書》、管仲的《管子》等法家一派，都是一脈相承。真正學習帝王學，不可以到國外學，所謂《國富論》、《君主論》，大家可以查一查都是怎麼來的！最令人生氣的就是醫學，也可以查一查西醫的開宗鼻祖，拉齊的《醫學集成》，就可以知道與中國的關係了。

　　其實綜合起來一句話，在歐洲文藝復興之前，文明的曙光沒有照向地球的其他地方，只有中華神州大地是被照亮的，所有地球上的文明，都是中華大地向外輻射的。

　　此話看似絕對，但原因顯而易見，文明的基礎就是文字，西方不存在文字基礎，我們稍加論證即可知道。文字是最神聖的，文字的功能不僅有表音、表意，還有表像。

西方的文字是口語的表述記錄，即表音，文字本身開始時根本沒有表意。文字能夠表意才有意義，才能傳遞知識，才能有思想、有高度、有內涵，這一點一定要清楚，從字的開始到現在，真正有內涵、有含義的文字，只有中華的文字。

後來，西方把我們的文字功能學過去了，他們才有了知識性的傳播和傳遞，亦即是表意。而表像是他們的文字根本學習不了的，歷數下來，類似的情況太多了。

儒學從孔子開始往後傳承，前面講到有三個基本支脈，其實不只三個支脈，細分起來還有很多，但是在此我們是從大框架上來講。

心性儒學，曾子、子思、孟子，後來再到朱熹、王陽明，這一脈在後世的儒學傳承中，沒有明顯的師徒傳承關係，不像佛、道之中師徒傳承特別明顯。儒學都是讀書人，不像道家的拜師，是師父和徒弟之間的關係，一脈相承認同論點、觀點。但開始階段的曾子和子思、子思和孟子之間，也是師徒關係，後世逐漸發生了變化。

一般來講，孔子後輩學生支脈的不同，很明顯就是從《易經》表現出來。《易經》是一個分水嶺，心性學講修

身，基本是孔子早年的弟子，比如曾子、子路、子貢、顏回，他們繼承的基本上都是心性學，講自修身。而孔子晚年喜易，晚年才開始研究《易經》，即是在五十五歲開始周遊列國，直到六十八歲回到魯國，這十三、四年的過程中，一直在勤學苦修《易經》。

但是，孔子研究《易經》，曾子、子貢、子路等人是理解不了的，他們認為《易經》只是占卜之書，覺得孔子天天給他們講尋回自我，命運掌握在自己手裡，我的命運我掌控，怎麼能占卜呢？占卜不是迷信、求神嗎？因此前期的弟子很反感。

的確孔子之前也說過不要看《易經》，不要看占卜之書，不要學以祭祀占卜為主的商文化。後來孔子真正對《易經》有大成，是六十八歲以後，到七十二歲就去世了，最後的輝煌就是這四年。沒有《易經》就沒有儒學的大成，孔子在最後的時候，專心研究《易經》，真正把宇宙自然的規律看明白、看透了，他才真的把先聖先賢的經典中，玄的部分看明白了。

從孔子的著作明顯可以看出，孔子編撰六經的時候，顏回做了大量的工作，收集整理。孔子周遊列國時，根本

沒有時間整理文稿，背後大量工作都是顏回做的，所以顏回四十歲就累死了。

編書工作不簡單，非常費腦子，每天我們的大腦消耗80％的能量，身體再累也只會消耗20％。但是，我們看孔子的六經，基本上沒有玄的部分，因此六經還是把上古典籍，按照文字和邏輯編撰而成的。

孔子何時開始深入探討和研修玄的方面，我們發現就是解讀《易經》、撰寫《易傳》的時候，基本上都涉及玄。因為有了《易經》，晚年的孔子才知道「聖人有以見天下之賾」，原來我們的世界還有視而不見、聽而不聞的部分，即是玄的部分、幽冥處，這部分中才藏著真正的天之道。這些思想和方法，在《易傳》裡其實都有所呈現。

早期和晚期的孔子，對於儒學的集大成，周遊列國時期是非常明顯的分水嶺，而分水嶺的關鍵就是易，即孔子對《易經》的解讀和研究。孔子自周遊列國開始直到去世，一直沒離開過《易經》，然後才形成儒學上的陰陽融合，才形成了儒學博大精深的整套體系。

支脈傳承中，曾子屬於最早期的弟子，基本上孔子晚期研究易，曾子這些早期弟子是不接納、不接受的，跟隨

孔子幾十年的過程中，已經形成了固化的狀態，覺得師父已經是最高了。但是孔子本身也在不斷的昇華過程中，就是因為易而昇華。

中華文明之所有，都包含在易當中，研究中華文明，沒有不研究易的，易不通則僅僅是顯學，也就只是文字功夫，易才使得我們的陰陽真正融合起來成為整體。

朝代之間不僅僅是朝廷的變遷，也是文化的傳承和整體的表現。我們在夏有了《連山易》，之所以稱為連山，即大洪水之後，八大神山下來的倖存者，將所有八大神山連接、聯合起來，把上古傳下來的經典，亦即是「易」，整理成《連山易》。

後來到商時形成《歸藏易》，這是一整套文化體系的傳承，到了周時形成《周易》。如果從易的發展來看，現在我們這個時代，就是《周易》的時代。

周經歷了八百年，如此說來，《周易》時代開啟，距離現在約三千年左右，亦即是說，三千年來沒有任何一個人能超越《周易》的範疇。中華文明從起源到發展脈絡，全都是易和對易的解讀。易即天道，不論《連山易》、《歸藏易》、《周易》，都是從伏羲的八卦衍生出來的，

我們現在還在《周易》的歷史階段過程中沒有突破，在《周易》裡面不斷迴圈。

所以孔子之後無聖人，中華自從孔子解讀了《周易》之後，就沒有聖人了。兩千五百年來，沒有任何一個人在易的研究方面超越孔子，超越周文王。因此，易非常重要，學儒學不學易，失去了對易的探究和解讀，絕對不可能入門，只會偏頗。

《大學》是曾子所作，《中庸》是子思所作。曾思孟一派，曾子、子思、孟子，以及後來朱熹的理學、王陽明心學，是一脈相承。其實陽明心學與禪沒有什麼不同，主旨即兩句話：「心外無物，知行合一。」

這個理並不是王陽明提出的，所有的聖賢都提出過知行合一，知和行是要相合的，且知易行難；而且無論佛、道、儒，都早已告訴我們心外無物之理，亦即是在天成象，在地成形，天地即宇宙，宇宙即我心；還有最早的「人心惟危，道心惟微，惟精惟一，允執厥中」，都是一理相通。

曾子和子思沒有偏頗，但是往後傳卻逐漸偏頗，從孟子開始就有點偏了，雖然被尊為亞聖，與真正的孔聖人

可是差距甚遠。孟子強調「性本善」，強調揚吾浩然之正氣，邪氣就被壓抑了。一味強調光明，執著的強調所謂的善，學問修行如此做，發展極致了，豈不入了成魔之道，必然害己害人，逐漸會把人帶向魔境。

　　孔子並沒有這麼講，中華完整的智慧體系不會這麼講，這反而更像是西方思維，西方的上帝就是追求光明、博愛。中華不信這種思想，中華信的是太極，有黑有白，是平衡的。然而，曾思孟一派儒學，自孟子開始偏頗，後面逐漸消沉，再往後，思孟學派就見不到動靜了。

　　隨後的中華歷史，荀子這一派開始起作用。比如助秦始皇統一六國，實現大一統。然而歷史記載的焚書坑儒究竟為何，荀子也是儒家，這裡就有歷史上對秦始皇特別深的誤解。可以說，秦始皇在中華歷史上是唯一，既是最厲害的，又是最平衡的君主，否則建立不起現實中如此功業，他的心胸、格局，對中華的貢獻是無可比擬的。

　　漢以後開始一味抹黑秦始皇，直到現在也沒有朝代、人物為秦始皇正名。十年時間統一六國，而且統一以後沒有殺過功臣，開國皇帝不殺功臣的寥寥無幾，僅有屈指可數的秦始皇、李世民，這都是最英明的帝王，不幹那種

事，因為沒有那麼多恐懼、害怕和擔心。

　　所謂焚書坑儒，坑的並不是讀書人，儒在這裡是指方士、術士。秦始皇其實是非常大度的人，聰明一生卻糊塗一事，有一個問題就是迷信，信仙道，總想長生不老。可以理解的是，天下大一統，人生達到巔峰，都想多活些年甚至長生不老。結果他這一輩子都被騙人的方士、術士傷害，身邊兩個最信任的方士，用所謂的神通矇騙秦始皇，其實就是跳大神、魔術，終有一天露餡了，受到懲罰。

　　之後，這些騙人的術士四處造謠秦始皇昏庸殘暴，秦始皇一怒之下，查到四百多個造謠生事、禍亂人間的術士，將他們坑了。所以坑的根本沒有真正的儒生，這是對秦始皇的一大誤解。雖然最早時儒就是方士、術士，但那時儒所指的方士、術士，是指通神明之德、專門做祭祀儀式的人，後來又成為了讀書人的象徵。

　　焚書的實際情況是，春秋戰國時期百花齊放、百家爭鳴，大一統不僅統一文字、度量衡和貨幣，還得統一思想。中華歷經萬年綿延到現在，總得有個主根，不能太散亂，宇宙有說方、有說圓，做人有說善、有說惡，有人以自我為中心、有人大公無私，如此各執一辭，國家何

以統一。

　　要統一步調，首先統一思想，秦始皇進行了各種統一，將春秋戰國的言論學說正根留下，雜論禁止。不是把書全都燒了，而是每一種思想學說都留存了下來，放在阿房宮裡建造的一座很大的書庫中，包括儒家經典，當時還認為儒學並不適合大一統的統治，然後把其它雜七雜八的書都給燒了。

　　而最後真正把所有的書全部燒了的人是項羽。項羽是不讀書的，火燒阿房宮，大火燒了三個月，建築全部燒掉的同時，所有的書也燒了。

　　真正對秦始皇統一六國做出了最大貢獻的人，不僅僅是軍事方面的戰神白起等，還有非常重要的人就是韓非子和李斯，這兩人都是荀子的弟子。後來到了漢朝時期，又是荀子一脈的後輩董仲舒，重新解讀儒學，提出天人相應、君權神授，意即是君代表天，臣和民代表地和人，於是漢武帝開始，把秦始皇認定的一套依法治國的體制廢除了。

　　講到此處，就先講一講秦始皇的治國體制。現在世界上管理最好、法治最健全的國家之一是新加坡，其實新加

坡就是按照秦始皇的法治來管理的。秦在統一六國之前，其管理就像現在的新加坡，現在人們以為新加坡很先進，而統一六國之前的秦國，能夠把全國每一家的人力、土地、糧產統計的清清楚楚，所以犯罪根本想都不敢想，想進行任何計算都可以精確的算出來。

比如招募軍隊，招募人數可以精確計算到個位數；收糧納捐時，每家幾口人，應該交多少斤糧，都能算到斤兩不差，這在兩千年前多麼可怕。

這才是秦為什麼能統一六國的真正原因，很多方法手段，現在的中國都做不到的，雖然那時候的交通、通訊條件差很遠，但那時的秦卻都能做到。

後來劉邦攻進咸陽，劉邦和武將們都去搶占美女、財寶了，只有蕭何進入皇宮，找到秦保存的檔案，整套帶走了，因此奠定了之後對整個國家的瞭解，以及管理的延續。只需稍作改變，形式上沒有秦那麼森嚴，但管理的依然非常精細到位。

新加坡就在學習這套體制，只是學得還不太像。秦統一六國後，又把這套制度向六國推行，書同文、車同軌、統一貨幣、度量衡、統一思想都是源自於此。

但是問題在於，統一前的秦國小，這種方式沒有問題，統一之後的大秦，需要大量的管理人才，哪有這麼多人才啊？而且法律又延續了之前的嚴厲，有一點不對就懲罰甚至殺頭，關鍵在於原來六國的人都做不到這麼嚴格，遊手好閒習慣了，突然嚴格要求起來，而且做不到就要被懲罰，於是導致了惡性循環。學渣突然要求變學霸，怎麼可能一蹴而就呢，需要不只一代兩代的過程。

商鞅制定出來的這套管理體系實在太可怕了，現代一個縣城的管理，都做不到那麼精妙嚴明。歷史上的商鞅變法，不僅是獎勵軍功那點表面，而且是管理細緻到每家每戶的每一個人、每一隻雞，是十分了不起的一套複雜系統。但是秦向六國推行時太急了，人的素質完全不同，於是激起了陳勝、吳廣起義。

而劉邦當時在沛縣泗水亭，這個縣要出多少人到達長城建設工地，要走多少天，每天走多少路，吃多少糧，多少天到達，都算得清清楚楚，必須按時到達。

考古出來的典籍，大秦律例其實並不是那麼殘暴，是允許有幾天的耽擱的，再遲到得更晚才會接受鞭罰，也沒有斬首那麼嚴酷的刑罰。但是，即使這種程度的要求，散

漫慣了的六國軍民依然受不了。

而且秦始皇最大的問題在於，雖然秦變法以來全民統一，軍隊極其可怕，以整齊劃一對戰散兵游勇，迅速滅掉了六國，但還是心存仁慈，沒有把六國貴族斬盡殺絕，結果後來六國貴族藉故反叛，從而導致秦十五年而亡。

之後漢朝董仲舒的儒學，就是李斯、韓非子這一脈傳下來的，後來代代相傳，歷朝歷代輔佐朝綱、力挽狂瀾的儒學大臣，諸如范仲淹、曾國藩等，都是荀子一脈，都是儒之帝王學。荀子一脈是源自於孔子將易傳給了晚年招收的弟子，商瞿子木、馯臂子弓這一脈。

曾子、子路等早期弟子已經傳不了易了，已經固著了。而子木、子弓再傳到荀子，又稱為弓荀學派，這一脈都有易學的根基，比較平衡，有心性，同時有力量。而後將易的一整套體系，繼續傳到董仲舒、王安石、曾國藩……

曾子一脈，即思孟學派，以修身為主；荀子一脈，即弓荀學派，以治國、濟世經邦為主。還有一脈就是玄學一脈，後世歷史上沒有記載，我們只能從《鬼谷子》等文獻中看到，因為《易傳》裡全是玄學。往後歷史上所謂的

玄學經典，例如東漢張天師張道陵所傳的，一看就不是孔子傳下來的。孔子這套玄學，唯一僅能在《鬼谷子》裡找到脈絡，而鬼谷子是戰國時的讀書人，比孔子晚一百五十年出生。

我們學習《大學》、《中庸》，要大概知道整體的框架背景，前兩節先告訴大家古今中外的大環境，這一節再給大家呈現整個儒學的傳承脈絡，如此學來應該更有意義。儒學之整體是隻豹子，開始即講正文，就像是講豹子身上的幾個點，怎麼可能將大森林裡有什麼樣的豹子講明白，也就是只學習了幾句話，不可能學明白儒學。

是不是應該先把豹子的狀態，生活在什麼樣的森林裡，都瞭解清楚，再完整生動的瞭解豹子啊？森林裡有獅子、老虎、狐狸、狼，還有大象等動物，我們瞭解古今中外，就好像去拍拍大象，發現是假的；看到比豹子更大的老虎，踢一腳發現是紙的。

最後發現，現在的這一整片森林裡，其實只有豹子是真的，這就是前面幾節的內容。隨後再開始告訴大家，這隻豹子整體的狀態，毛色什麼樣，眼睛什麼樣，大家可以理解了吧。

第二章

大學三綱領，
儒學大門引人向道

大學之道陰陽智慧，成人之學自在根本

《大學》共十一章，是《禮記》中的第四十二篇。對《大學》達到最重視程度，是從宋朝開始的。《大學》這十一章裡，第一章是孔子的遺作，意即是孔子親自寫的，後面十章是曾子的解讀、解釋。

也就是第一章裡，大學之道在明明德，在親民，在止於至善，以及後面的格物、致知、誠意、正心、修身、齊家、治國、平天下，這三綱領八條目是孔子親自作的，將儒學的綱領整體提出來。從第二章以後，則是曾子的解讀，這其實也是一家之言。

| 【大學之道，在明明德，在親民，在止於至善。】

這一句是儒學的三綱領，儒學的整體框架，即三綱領八條目，是儒學的經脈、脈絡。三綱領八條目之上就是

易，易即是道，易講的就是陰陽，一陰一陽之謂道。中華所有的智慧都是通向道，道是宇宙自然運行的規律，我們就從陰和陽來認知這個規律。

易即太極，就是陰陽之道，然後是三才、四象、五行、六合、七星、八卦、九宮，都是陰陽延伸出去的。陰陽是最根本的，也是現代西方科技的基礎，經過宏觀經典物理學，發展到微觀量子物理學後發現，宇宙任何事物都是對稱的，尤其量子物理學，從以前的分子、原子、質子、電子，研究到夸克，發現也有正、負夸克。

因此，所有粒子一定有正負，即有對稱性。這是西方近一、兩百年才找到的規律，而我們中華在上古時期，伏羲就已經告訴我們了。

易（道）是儒學的最高，而後是往下如何修，也就是儒學的三綱領、八條目，這些解讀清楚了，再往下一層的儒學六經六藝，就全都在其中了，也就是具體的、更加落地的修行了，《大學》是大方向和脈絡。

大學之道，首先是講大人之學，經過七年的小學，古人到十五歲就已經成人，可以結婚、作父母了。雖然現代社會十八歲了還是小孩，二十八歲才覺得可以獨立做事

情，但是在古代，成人要早很多。這難道是因為古代平均壽命短，二十八歲人生已經過了大半嗎？其實並不一定。

中國建國前平均壽命三十多歲，是因為出生時死亡率太高，拉低了平均數。事實上，考古發現唐朝安徽某縣的人口紀錄，詳細記錄各個年齡層都有，計算下來與現在比較發現，古人壽命比現代人要長。

其實從前都是從一種「我認為」的角度看待平均壽命，從民國時醫院少、社會亂，餓死、病死的人多開始推論，一千年以前更沒有醫院，四十歲已經算長壽了。又有說法「人生七十古來稀」，但這些很可能只是一種「我認為」的固著認知。用歷史記錄的事實說話，出土的證據證明，古人比現代人的平均壽命長，另一類資料是很多地區記錄八十歲以上的老人，比現代比例還要高。

講到「我以為」，還得強調一句，中華所講的修行到底是何意？首先就是破我們的知見。我們有太多的「我以為」，不斷的束縛我們，讓我們不斷的得出錯誤結論。比如前面講到的東西方文明、科技歷史，為什麼會感覺震撼，原因還是由於「我以為」，我以為西方人最講證據、最嚴謹。

　　我們一提到造假，能立刻想到西方嗎？想到的反而是我們中國，但這就是明顯的「我以為」。而且，即使以前曾經造假的地方現在不再這樣做了，但「我以為」一旦形成，就有世代相傳的可能性。很可能順口跟孩子說了一句「那個地方都在造假……」，孩子因此也形成了他的「我以為」。因此，「我以為」其實非常的害人。

　　《大學》中的三綱領，「大學之道」即是成人應該學的道理，非常簡潔明瞭，沒有繁冗的前因後果，開篇即是交代文章的點睛之處，即《大學》一文主旨寫的是什麼。古人寫文章特別精煉，前面已經講到了，因為沒有紙的時期，竹簡就非常珍貴。

　　開篇「大學之道，在明明德，在親民，在止於至善。」即是儒學三綱領，是儒學的入門之學，整個儒學體系所講的，其實都是這三綱領。

　　由此開始展開，三綱領、八條目到六經六藝，系統的講清楚了，儒學就都在其中了。而後，再往下一層則是《孝經》、《論語》、《孔子家語》等，繼續擴充至儒學十三經，如此整體學習便是儒學的完整大框架。

　　經之後就是論，亦即是各大時期的大儒各自發表的

評論，我們現在正在進行的經典解讀，就稱為「論」，又如朱熹的《四書集注》也叫做「論」。如此再看，就是更完整的儒學體系了，從孔子本人的著作到孔子弟子的著作，再到孔門後世大儒之作，學習儒學的脈絡就清晰呈現出來了。

三綱領並不是孔子本人提出的，而是曾子總結出來的。孔子去世以後，曾子由於之前一直跟在孔子身邊薰染多年，就把孔子一生的講學總結成了儒學的框架。

《大學》、《中庸》是收錄在《禮記》中的兩篇文章，而《禮記》是曾子和他後輩的一兩代學生共同積累而成，與孔子言行錄《論語》是一回事，因此曾子在儒學之中的地位非常重要。

「明明德」，意思就是想成人、想入道。中國人都是為此根本而來的，這是中華的最高境界，即得道，也就是所謂的大自在、宇宙任我遊。

這也相當於西方上帝的伊甸園、天堂。然而，聽上帝的話，按照上帝的要求做，就能回到伊甸園，就能上天堂，這種信仰體系是一神教，也就是信上帝的教派統稱——亞伯拉罕系，對於他們而言最高的就是上帝。

　　與我們的不同在於，我們東方相信自己就是我們自己的上帝；西方人不可能成為自己的上帝，只有是否聽上帝的話、信不信上帝的區別。

　　所以，真正的東方文明文化，講究我是我自己的主宰、自己的上帝。西方不敢這樣講，最多就是說，我是上帝的兒子、使者。這就是東西方文化中最高處、起始點上的分歧，中國人永遠講求找回自己的神性，認為人人皆有佛性，意思是每個人都是自己的佛，佛即相當於西方的上帝。而西方則講求找到上帝，區別即是在此。

　　在中華，成人之後就要去尋道，即走上我們常說的修行求道之路。然而，究竟是從哪幾個方面尋求呢？就是從三個方面開始尋求，即明明德、親民、止於至善，雖然這三方面的字我們認識，但其中緣由真的認識嗎？歷史上都幾乎沒有人能認識到，甚至於曾子，雖然是他總結寫出的，但實際情況大概率只是摘錄了孔子的話而已。

　　曾子太過於敦厚老實，所以孔子神性的方面，沒得從他筆下流傳，無法使得孔子如釋迦牟尼佛和老子一樣，成為神一樣的人物。感覺就是一般的人，很多不可思議之處全都被磨滅掉了，只因為曾子並不認知這一方面。

而像子貢這樣的外交家，要四處宣揚老師的理念，就得用老師不可思議的事蹟講說，於是子貢覺得很憋悶，老師那麼多的神奇之處，曾子為何不寫，為此經常與曾子爭執得不亦樂乎。

　　然而正因為這樣，才造就了孔子的聖人地位，而不像那些傳說中神一般的人一樣。姜太公的神蹟感覺離我們太遙遠，諸葛亮本事太大，使我們覺得普通人學不會，而姜太公、諸葛亮之所以不能成聖，就是因為我們認為傳說中的人越神，離我們就越遙遠。

　　至於孔子之所以能成為我們學習的老師，就是因為他親切，駕著馬車周遊列國，歷盡了艱辛困苦。聖人不是神人，孔子就是個人，這反而是曾子成就的，雖然很多真實的神奇被隱藏，但是卻把為人做事的語錄，如實的記錄了下來。曾子的優點就是沒有他自己的創造，信而好古，述而不作，忠實的記錄。

　　但是，如此記錄也導致了沒有語境、難於理解的狀況，比如「三人行必有我師焉」，由於沒有語境，僅是語言文字的忠實記錄，沒有前因後果，不知道在什麼情況下孔子語出此言。

　　諸如此類情況，《論語》中有很多，「子不語怪力亂神」，僅此一句，後世之人就以為孔子反感怪力亂神，事實可並不一定是這樣，可能孔子這句話只是針對一個特別喜歡討論鬼神迷信的學生，教他不要再講這些了；而針對另一名什麼都不瞭解的學生，孔子就會說：「仰以觀於天文，俯以察於地理，是故知幽明之故。原始反終，故知死生之說。精氣為物，遊魂為變，是故知鬼神之情狀。」

　　所以，曾子這樣記錄也有問題，導致我們讀《論語》經常有誤解。正因為此，我們才說讀《論語》不如讀《孔子家語》。然而為什麼歷史上對《論語》非常重視，對《孔子家語》卻非常不重視呢？那是因為唐、宋、明時期都有人指出《孔子家語》是偽造的，所以長期以來很多學者都不研究。

　　直到最近在西漢初年的古墓裡，考古發現了《孔子家語》，世人才真正開始重視。與《論語》的不同在於，《孔子家語》並不是語錄，都是有前因後果、人物場景內容完整的敘事，比較完整的體現了孔子思想。

　　歷史上，基本上所有的大儒都會解讀三綱領、八條目，各有各的解法，並不知道哪家是對的。宋朝官方認可

朱熹的解讀，從那時的科舉開始到現在的注釋，多採用他的版本。然而，任何大儒的解讀，包括我在此所講的，都僅僅是個人的理解，讀者不要全部認同，這樣才是做學問的態度。

做學問一定要在疑中做，不存疑做不了學問。任何東西在我接納之前要先存疑，然後去印證，哪怕先假定自己就是為了推翻，而從各個角度進行瞭解，也許有可能在全面瞭解之後，發現推翻不了，從而證明了這就是真正的學問。

做學問先存疑，存疑不代表否定。正因為並沒有否定，所以才想繼續深入的瞭解和觀察，但同時又是以存疑的態度去瞭解和觀察，然後才能得出結論，到底是真是假，也就是我認為的真假，這是一種態度。

我們不能無論什麼拿過來就認、就信，這種拿來即信的態度與做學問不同，是另一種維度，即追求高維智慧的態度，我們自古以來稱其為修法，與做學問不是一種概念。兩種概念不可混為一談，也不可單一極端。

第二節

明明德即得道，道不遠人在人中修

何為明明德？在後面一段解釋中曾子講到了，其實就是對應八條目。八條目究竟由何而來？不是由三綱領推演出來的，而是由明明德而來的。

【古之欲明明德於天下者，先治其國；欲治其國者，先齊其家；欲齊其家者，先修其身；欲修其身者，先正其心；欲正其心者，先誠其意；欲誠其意者，先致其知；致知在格物。】

此即曾子對明明德的解釋。

明明德是最高的，即得道，亦即是王。無獨有偶，《易經‧繫辭傳》中的「古之包犧氏之王天下也……」，與「古之欲明明德於天下者」，都是由「平天下」開始，即是從得道的狀態開始講。

如何能夠實現得道，這裡給出了一步一步的步驟，要想最終得道，需得「先治其國」，在治國的過程中昇華以後，才得「明明德於天下」。我們總以為儒學與「修行」二字無關，然而修行並不是出家做和尚、做道士，《大學》中就給出了儒學的修行之路。

　　想達到明明德的得道境界，平民百姓難以想像，格局、視野難以具備，更難做到閱人無數，正所謂「小隱隱於山，中隱隱於市，大隱隱於朝」。真正得道之人是大隱於朝的人，也就是治國者才有機緣可能得道。如果是平常工作都不想做的普通庸人，談何得道。真正要追求得道的人，反而要逆其道而行之，要追求更大的成就，能夠達到治其國治理得很好的狀態，才能繼續往上昇華。

　　每天只是埋頭在一點基礎工作中，根本接觸不到幾個人，能有多少煩惱、矛盾需要化解？有機會面對危機嗎？有需要展現力量的地方嗎？需要用點腦子的無非就是吃點什麼，每天都非常順，因為根本接觸不到什麼人，還自以為自己修得很好，覺得每一天都沒有煩惱、都沒動心，已經達到如如不動了……，這可不是真正的修行。

　　真正意義上的修行，其實都是在煩惱中、逆境中修。

而煩惱和逆境又是如何而來的呢？得做事。在山還是不在山其實沒有關係，在山上也可以做事，也能接觸人；在山下有可能一天也接觸不到一個人。所以，在哪兒並不重要，所有的修必在事上修，必是在人中修。

最要不得的就是避世，不要以為在茅草屋裡、新鮮空氣裡、山清水秀中就是修行，那都是妄談修行。千萬不要覺得修行和工作、結婚、生活是一種對抗、對立，上山與否其實也是工作的一部分，亦即是修行的一部分。

真正的修行人，越修接觸的人越多，做的事越大，在這個過程中，修的就是「我的心量」。現在正在管理一個部門，可能我的心量在開始時部門都管不好，所以首先要修的就是把一個部門協調好、管理好，然後逐步擴大管理越來越大的區域，進而管理全國，這個過程才真正是修行。

實際上，一定是越修行世間事做得越大，做得越協調、平衡。開始階段，開辦一個工廠只有一百人，一年千萬產值，隨著逐步的修行，工廠逐步擴大到千人、萬人，產值十億、百億。越修行事業越大，越能打造自己的商業帝國，此即謂「治其國」。

因此《大學》中說:「欲明明德於天下者,先治其國。」明明德,就是指把道彰顯於天下。第一個明即彰顯,德本是隱的、陰的,即道。道是摸不著、看不見的,但在世間也有其呈現,道在人世間的第一個呈現就是德。明明德,即是彰顯道於天下。

何以實現?「必先治其國」,即在世間的事業做大、做強。所謂的國有大有小,商業帝國也是國的範疇,也就是指世間事,一個人做事的領域就是他的國。「道不遠人」,一定要注意把世間事做好、做大、做強,這就是修行的根本。

當然,也有可能現在所做的工作並不是自己想要的,那就是另外一個概念了。只是為了生存,迫於無奈去做的事,做得很痛苦,日復一日的就是在耗費人生。在這種情況下,可以重新選擇自己認為有價值、有意義的工作,因為這是工作方向問題,而工作方向是可以轉化的。

以前沒有學習智慧體系的時候,總覺得大家都是一樣工作,反正都是為了賺錢,雖然沒有什麼意義,沒有什麼價值,自己也不喜歡,但是大家都一樣,就不會多想什麼。但是學習智慧以後發現,我要為自己活,可能錢賺的

沒有以前多，可能比以前更累，可能煩惱更多，但這是我喜歡的，我就有價值感。

　　一個人可以選擇職業，也就是說，職業取向是可以有選擇的，但是這與前面所講的逐步做大一個事業的修行，是兩個概念。然而，即使決定不繼續做現在正在做著的、並不喜歡做的事了，也一定要繼續去做事，因為真正的修行絕不是天天打坐念佛、死讀經典。

　　儒學經典《大學》中所說的「古之欲明明德於天下者，先治其國」，與《壇經》裡講的「離世覓菩提，恰如求兔角」，意即是遠離世界尋求修行，就像找兔子頭上長的角，所表達的含義是一樣的。六祖惠能講的也是這個理。

　　他為什麼走進寺廟身披袈裟呢？為什麼要剃度出家呢？是在乎那個形式嗎？不是的。在獵人隊中能不能修行啊？當然也能。但是，獵人隊裡只是面對獵人，僅僅幾個人而已，而且還很可能聽不懂惠能講的。

　　打獵為生的人，一般沒什麼文化，只是謀個生存，根本沒心思聽惠能講法，所以在獵人隊這個環境中的惠能，肯定屬於懷才不遇類型的。然而，獵人隊總歸也是份工

作，僅僅就是為了生存和避難的權宜之計而已。

後來，惠能披上袈裟，並不是因為他一心只想做和尚，也不是因為他必須得做和尚，而是作為寺院住持，天南海北的人都會來參加他的法會，每一次登壇講法，都有成千上萬的人來聽法、學法。如果還是獵人隊助手的身分，即使講經說法，又有誰會來聽？於是六祖轉換了一下工作性質，也正是他喜歡做的事，度人更多更廣，禪學思想就能傳播出去了。

所以，不要以為上山進廟做和尚，就清淨了。六祖惠能可不是為了所謂的清淨，他哪有那時間和心思去打坐、去躲清淨啊！所以六祖惠能說，修行不在於打坐，不在於念佛，不在於吃素，不在於禁欲，而是一定要走到人當中。正是為此，為了廣傳正法，在那個時期，他選擇披上了袈裟。

傳播優秀傳統文化即是修行，現代社會為了有利於傳播事業，當董事長、當市長、當省長都可以是在修行。在做一項工作的過程中，既把工作做好，同時也知道自己真正想要什麼，世間一切都可以是修行工具，因此修行過程中什麼都可以做。可能當下在山上做一家書院，對於現階

段是最好的傳播方式；也可能第二年就發生了變化，變成上市公司傳播得更快、更好，那就選擇上市。

所以「古之欲明明德於天下者，先治其國」這句話很重要。其實，對這一句話有很多種理解，面對不同的人可能會有不同的解讀方法，但在本書中，希望我們每學習一句經典，都能學以致用，真正能夠用到自己身上，如此本書才真正有意義。

對於本書的意義，並不在於把經典的最高境界解讀出來，講得太高了是聽不懂的，或者與讀者根本沒有關係，那麼講了也沒有意義，讀了也不能相應，根本沒有感覺。

我們講「先治其國」之「國」，是指我們外在的事業。首先每一個人都有家，先有家而後有國，我們中華的古人，尤其是古聖人，強調的是家國概念，比如保家衛國、齊家治國、家國天下，這家國的順序是不能錯的，這是從人性的角度來考慮的。

與每一個人有直接關係的，首先是家，正如電影《長津湖》中劇情所說，志願軍戰士們，很多年紀輕輕就走上了戰場，為什麼那麼捨生忘死？劇中的戰士沒有喊多大的口號，但是非常打動我們的心，只是樸樸實實的一句話：

「我們打仗捨生忘死，把該打的仗都打了，我們的後代就不用再打了。」整部電影兩個多小時，這句話大多數人一下就能記住，因為我們是有共鳴的，為了這個目的，我們誰都願意上戰場。

儒學非常講究人性，因為做任何事情，如果不通達人性、不符合人性，一定不會長久。我們的動力真的是這樣的，為什麼拚搏，為什麼賺錢，當我們想到孩子的時候，再可怕的戰場也義無反顧的衝上去。所以，中華古聖人一再講，有國先有家，要齊家治國，我們要重視和學習《孝經》，就是因為這是我們優秀的傳統文化。

再來看「明明德」，第一個「明」是明白的意思，即通達。所謂通達「明德」，明德即是道，是最高的。如何通道，《大學》中用「明」字，即日月，其實就是易，也就是陰陽。「在明明德」，即必須得通達陰陽轉化，其中德字亦是指功德妙用，也就是要通達宇宙自然陰陽運轉的規律，這就是「大學之道」。

我們在長大以後，首先從哪裡開始入手學習，就是從陰陽規律的學習開始，而專門講解陰陽規律的就是《易》。大學即成人之學，長大以後的學習從《易》開

始，德就是指掌握了易之後的功德妙用，是彰顯在外的。道太深了，我們不知道怎麼找，然而如何達到道的境界，是透過「明德」呈現出來，而前面一個「明」字的意思，就是指對陰陽定律達到掌握狀態。

　　之前我們解讀了修行的概念，而修行的外表形式，就是「欲明明德於天下者，先治其國。欲治其國者，先齊其家……」這一段並不是在講修行的本意、本來的內涵，而是在講其彰顯形式。

　　依次而來就是，欲王天下必先治國，欲治國必先齊家，欲齊家必得修身，欲修身先正心……，儒學八條目，其意就是如何明明德。

第三節

實用起修在親民，對鏡觀心人格整合

　　我們繼續來看「在親民」。親民二字，自古以來基本無解，沒有人能夠解釋得明白。朱熹的解釋認為親就是新，也就是「在新民」。原因在於，剛才我們講到了三綱領中「明明德」在後文中有對應的解釋，「止於至善」也有，但是親民並沒有馬上能夠對應的解釋。

　　而再往後的文中有一段：「湯之《盤銘》曰：『苟日新，日日新，又日新。』《康誥》曰：『作新民。』」於是朱熹就把這一段與「在親民」對應在一起了。

　　湯之《盤銘》是指什麼？湯即商湯王，也是一代聖人，滅夏桀建商，商湯王的洗澡盆這款青銅器上所刻的銘文，也就是我們所說的金文，就是「苟日新，日日新，又日新」這句話。距今三千五百年前的青銅器上，刻著這樣的文字，中華老祖宗多厲害啊！這是每天洗澡的時候都在提醒著自己，相當於三千五百年前的座右銘。

　　反觀我們現在的盆上，只會用些恭喜發財、大吉大利，新年祝辭也都是發財，其他的基本上都不會了。無奈苦笑自嘲一句，真是人人皆白丁，往來無鴻儒啦！三千五百年來，我們究竟是進步了，還是退步了啊！

　　暫且不詳論盤銘之意，且說三綱領中為什麼不直接寫新民，而是寫親民呢？新和親是一回事嗎？曾子當年為了斟酌一個字，可能幾天幾夜都不合眼，最後落筆在竹簡上，多麼珍貴啊！又不是不會寫新字，既然所寫的是親字，就不應該隨便改換吧。

　　三綱領中「明明德」我們可以理解，就是「易」，為什麼第二位就是「親民」呢？到底是什麼意思？其實我們在經典解讀中，無數次的反覆強調，我們在講禪的時候也著重的講，修行不在於打坐、念佛、吃素、禁欲，而真正的起修處在哪兒？六祖惠能在《壇經》的「無相頌」裡就告訴了我們，要在人中修，亦即是在世間修。而所謂在人中修，說到底就是在修人格整合，即接納、融合。

　　修行修的是人。然而自己到底哪裡有問題，是不能自己瞎想的，不能「我認為」自己哪裡有問題。那麼，我的問題應該在哪裡呈現出來呢？答案就是，在別人身上呈現

出來。別人是我的鏡子，所以在別人身上就能呈現出我的問題，也就是我們常提及的對鏡觀心、陰影投射和黃金投射，其實也就是修禪者在講、在練的起修處，亦即是真正的修行。

無論修禪、修道還是修儒，都得從人中修，在人群當中，跟人接觸的過程中起心動念了，討厭、反感、否定別人的時候，就是修行的起點所在。禪、佛法是從這兒開始起修，儒學也是一回事，前面我們剛剛講到「古之欲明明德於天下者，先治其國」，國是不是由人所組成的？沒有人只有疆土有什麼意義？國界對動物又有何意義呢？牛、羊、狼、老虎穿越國界毫無障礙，所有的國界都是因人而定的，所以先治其國，還是指在人中修。

真正的儒學修行，也絕不僅是修儒學的經典，經典也是指月的手指，我們不能局限於經典或者痴迷於經典。經典中的理叫做明德，明德之理從經典中來，在經典中學習陰陽的規律，就是明明德。

真正的起修處必是從人中修，此即所謂「親民」。民，要先接觸，但是我們對民能夠都做到親嗎？基本上不能吧。通常是有一部分恨、有一部分討厭、有一部分否

定,這樣肯定不能稱得上是親民。「親」在此處代表融合,而所有的「民」都是我們的人格投射,完整意思是親民即是人格整合,而這就是我們修行的根基處、起修處。

如此理解,我們是不是需要配合著佛法來修儒了。通達佛法之後,再讀儒學時,發現解讀的高度就完全不一樣了。如果只學習儒學的經典,就永遠跳不出儒學經典字面表達的高度。

這就好像,你在一個房間裡,視野永遠都不可能超出這個房間,高度最高就是這個房間的屋頂。如果想看透這個房間到底是怎麼回事,就一定得出去,站在更高處,至少站在房間之外,才能看清楚剛才所在的房間整體到底是什麼樣子,房間外面又是什麼樣子,房間的高度應該如何評價,是不是這個道理?

所以,佛學、儒學和道學一定得這樣來修,首先都得通達,然後從佛學的角度去看儒學,就能看得明白了;從儒學的角度看佛學,也能明白;再從儒學的角度看道學,就更能明白了。我們真正修習先聖的智慧,一定要佛、道、儒都通達,站在這樣的高度上,才能都看清楚,此時再解讀佛、道、儒各部經典,就都能得心應手了。

儒和佛、禪一定是相通的，包括後面要講的八條目中，誠意、正心全是禪。我們之前就解讀過禪，為什麼要先學禪，先解讀《壇經》，然後再學習儒學，而且學習的順序不能顛倒？因為這其中是有先後次序的。

　　禪是佛學的最高境界，是《壇經》中所說的最尊最上最第一，即般若波羅蜜。我們學了禪再學儒時，會發現是一回事，然而兩家總歸是存在先後順序的，後來者借鑒於先前者，先前者延伸出後來者。

　　儒學經典出現是距離現在的兩千五百年前，《壇經》則是一千三百年前成形的，中間相差一千兩百多年，如此說來顯而易見，禪在後，儒是根，所以我們稱儒為圓滿儒學。負責任的講，禪並不包括全部的儒，而儒包括全部的禪，這在經典中都可以得到考證。雖然歷史上基本沒有人談及這個方面，尚且屬於一家之言，但是事實如何，的確是顯而易見。

　　歷史上，所有對《大學》的解釋中，「親民」基本上都似是而非，聽起來有道理，卻不明白究竟在說什麼。解釋的並沒有錯誤，挑不出什麼問題，辭藻特別華麗，聽著很有水準，知識非常淵博，但是基本都不實用，現實中根

本用不了，甚至完全不著邊際，對我們並沒有啟發。

事實上，經典是句句都能落到實處的，即所謂「學以致用」。之所以會有經典出現，中華先聖就是為了用，才告訴我們這些理，理一定都是與現實一一對應的，否則先聖是不會為我們留傳下來的。但後來人對經典的解讀，不能僅僅為了解讀而解讀，完全遠離現實中的應用，那就沒有意義了。

經典的學習不是語言、文字工作，而是要從中得到智慧，然後能夠在現實中解決問題，比如陰陽五大定律等規律、定律的學習，在現實中都能用得上。

如此再看「親民」，能不能在現實中應用？當然完全能用，而且與禪也能夠相合。現在再談何謂「親民」？《壇經》中的「他非我不非」，難道不是親民嗎？他非自然有他的道理，「我非自有過」，我覺得人家不對，我討厭別人，是我有問題了。這不就是親民所表達的道理嗎！其實就是我們一直強調的人格整合，修行的第一步就是人格整合。當我真正獲得了這個方法，知道這個正理之後，就要從「人格整合」真正開始起修，也就是從此處起修——「親民」。

第四節

止於至善是平衡，一以貫之兩面看

三綱領中，修行還有一個角度，「在止於至善」。一般來講，古往今來基本所有的版本對「在止於至善」的解釋，大意是在於使人的道德達到最完善的境界。然而如此解釋，又如何理解「止」呢？其實是不知道止字怎麼解的。而在有了前面親民的解讀後，現在我們看到這個詞，是不是會有熟悉、親切的感覺啊？這就是禪！之前我們解讀《壇經》大智慧的叢書中，就是在學這句話吧。

為什麼我們會壓抑？為什麼我們不能整合人格？為什麼我們看見別人會感覺討厭、反感、否定？根源不就是我們在追求完美，追求太極中純白的一面嗎？修行的起始處，要在與人的接觸過程中開始，在這個過程中我們看出了自己的問題、自己的漏。

現在，我們每一個人都有的問題，就是在追求那所謂的完美，這已經成了現代人的通病。而且，現在所謂的修

行，其通病也是追求完美，亦即是追求極端的至善。

我們在《壇經》的解讀中，天天都在講，修行不是讓自己變得更加完美，而是要讓自己變得平衡。所以，真正的修行反而是要知止。所謂知止是止什麼呢？現實中說到止，首先想到的一定都是止惡吧？但是儒學三綱領直接告訴我們，止的可不是惡，止的是「至善」。善本身沒有問題，而「至善」即追求極致的完美，是不是就有問題了？

真正的儒，可不是一味向著光明，不是追求所謂的至善。但是，後來的學儒之人，把這個「止」字解讀為到達的意思，「止於至善」就解釋成了往至善那裡去，往最高、最善的方向去，停止於到達至善的境界。最終，反而沒有人將「止於至善」解讀為找回平衡了。甚至解讀成了，不到達至善我就不停，各有各的解讀法，各說各的道理。

究竟孔子講的，是不是我們解讀的找回平衡的意思，並不是我們主觀臆斷的，後面講到誠意、正心的時候，我們就能看到孔子是怎麼說的。首先我們看，這是不是禪？或者這是不是陰陽？是不是可以稱之為明德？其實，都是陰陽之道，都合於道。

那「止於至善」是不是也應該合道？如果解讀為向至善、最善的方向去修行，又合不合道、合不合陰陽？我們好好想一想，這種解法是不是種極端？也就是把至善當成了極端，當成了極端的美、極端的完美，不是嗎？

所以真正合於道的解讀，真正的儒學一定是要告訴我們，不要去追求那種所謂的至善。善如果到了至、最的狀態，那就有問題了，就違背了陰陽定律。

我們要的是平衡，為什麼中華講究中庸？《中庸》裡所講之意就非常典型，即所謂「不著兩邊，亦不在中間」，這到底是要告訴我們在哪兒呢？不在這一邊，不在那一邊，也不在中間，那到底在哪兒？事實上，固定在任何一個地方，都是「對也不對」。

所以，「不著兩邊，亦不在中間」的意思，並不是告訴我們絕對不可以走極端。「絕對不可以走極端」這句話，本身是不是就是極端？有的時候，我就是走極端了，到底對不對呢？為了考上清華大學，我就拚到底了，不睡覺的學習，是不是種極端？這樣做對還是不對呢？不拚搏，我一定考不上，已經高三了，就拚一年，就走一次極端了，難道不可以、不應該嗎？

現在還有一種現象，好多人學禪、學儒、學中庸，都學成了這樣子：千萬別走極端啊，考不考得上大學又能怎麼樣，遊戲嘛，人生如戲嘛，都是假的、空的，至於拚成那樣嗎？

於是，現實中一切都是得過且過，一切都無所謂，一切都不在乎，不在乎孩子、不在乎自己，做企業的不在乎公司賺不賺錢，更別提上市了……，行政工作者能不能升職到主管位置也無所謂，就只一句話：中庸嘛！

這種狀態是不是就學偏了、修偏了？人生怎麼能完全不走極端呢？遇到了自己喜歡的人，而且是真正的專一的喜歡，那該怎麼辦呀？必須要追求到吧！不抓緊機會行動，不就被別人追走了嗎？是不是這個道理。

千萬不能理解成，學了禪、學了中庸，就一句：「無所謂，跟什麼樣的人過我都可以滿足，我不能走極端，得止於至善，最美、最好看、最溫柔的女子，那叫至善，我不能追……」於是，自己就認為只能去找所謂長相平庸、智力平庸、情商平庸、感情平庸的人，還覺得特別難選。

我們可以這樣嗎？我們千萬不能學了禪、學了中庸之後，做事不積極、不努力、不進取，然後自己給自己找藉

口，絕對不可以這樣。該拚的時候要比任何人都拚，但是我知道，我拚搏的是過程，而我放下的是結果，我不是一味的追求某一個結果。

我當然要考上清華大學，我的意志堅定，我的過程可以艱苦卓絕，但是這個結果能不能實現，真正到了最後時候，我是能放下的。考上清大，我放下了；考不上，我也放下了，或者我清楚堅定的選擇再拚搏一年。

我們所學的禪和中庸，千萬不要理解成什麼事都不走極端。應該是，該走極端的時候比誰都極端，這就是所謂的「度」，也可以稱為「適當、恰當」，這才是真正的中庸，才是真正的禪。

比如我們講用人之道，如何理解信與不信。所謂的「用人不疑、疑人不用」，在講這句話的時候就必須得信，然而還有一句話：「唯信必危，不信必亡。」這樣說來，我們到底是信還是不信啊？

事實上，有的時候我們在做事時，就是選擇全然的信任，有沒有可能把自己置於危險的境地中？當然有可能。但是，我知道這個理，知道全然的信任對我是一種危險，我依然選擇全然的信任，只有這樣對方才能放開手腳去

做，同時我又有一根弦，我是危險的，我該怎麼辦？一旦對方出問題了，我該怎麼辦？有這兩面的認識，我是不是就開始了背後的布局。

也就是說，我是全然相信他了，他一旦沒有努力做到，或者出現叛逆等情況，我能夠保護我自己，而且能夠保證這件事馬上有人接替，馬上能夠正常運轉。這是一種智慧，就是一種陰陽。陽是表現於外的，是我的絕對相信，然後陰是我背後做好一切準備，做好最壞的打算。這樣才既不會使自己陷入危險之中，現實中又能讓人放手去做事，這就是所謂在信與不信之間。

做大事的人，不信任人一定做不了，但是只會信任人，沒有後面的保護，沒有後面的手段，早晚得亡，最後一定是因為過度信任而落敗，這就是陰陽，就是中庸。中庸不是不走兩端，而是經常走極端，我就是極端，就是信任，但背後我可以有防範，可以有手段，我能保證自己立於不敗之地，是這樣一個道理。

因此，我們在學禪、學儒、學佛的時候，非常容易學偏。自己覺得是修行，覺得修行應該清靜，清靜了才能定，所以有的人就放棄了家庭，放棄了工作，甚至孩子都

不管了，因為要清靜。清靜了就定了，定了就有智慧了，根本不是那麼回事，大錯特錯了。

修行絕不可以越修身邊越沒人，絕對不可以越修越跟世事隔離。真正的修行人，一定是越修越進取、越修越拚搏、越修越積極、越修越入世，越修世間的事業做得越大，一定是這樣，才是修行的正路。修到後面，國家要決策的時候，都得諮詢你，或者請你參與意見，這就是治其國的涵義。如果沒做到這一步，證明修得還不夠，還是心量不足、做得不夠。

修行以後，做事業、做企業不能打造強大的商業帝國，那修的是什麼呀？不能修著修著，把好不容易打造出來的一點商業根基都放棄了，天天就是在念經，天天打坐，天天念大悲咒，那叫什麼修行啊？放棄了世間的一切，甚至放棄了家庭，然後說自己在修行，自己終於清靜了。這哪裡是清靜？這是走邪路，就成魔了！是不是這個道理，明白這個才是我們學習儒學的意義所在。

我們開篇就講了，聖人沒有錯，經沒有錯，都是人把經讀錯了，是讀經的人理解錯了。一句「止於至善」，這個「止」該如何解釋？是及時的停止向至高、至善的境界

走，還是要到達、止於、停止在至善的境界啊？這兩種解釋可完全是不一樣的，如果學儒都學成是到達、停止在至善境界，那就都修錯了。

看一看歷史上，真正給人類造成災難的，都是所謂的大聖人，所謂的為國為民發起戰爭，都是以正義的名義的屠殺，理直氣壯的屠殺，都不是為自己，結果造成了人類的災難。

所以，大學之道中，孔子早就提出了這一點，只是人看經典都看自己想看到的，也只看得出自己能夠理解到的程度。經典萬丈高，讀經的人幾尺高，他一定看不到經典的高度，永遠都在他自己的境界之內。

有的人高幾尺，有的人高幾丈，有的人高百丈，讀同一本經，解出來的感悟每個人都不一樣，所以讀經典也得有明師指路，也得有師父帶。

師父百丈高，你現在幾尺高，那麼中間的距離是不是得師父帶著走啊？開始就想超越師父的高度是不可能的，等修習達到了師父的境界以後，百丈高度都已經純熟的理解了，然後還有千丈高的師父，那時再去尋求更高的高度，去提升自己的境界，然後又達到了更高一層……

我們中華的智慧，沒有人能夠超過孔子的高度，對於整個民族孔子就是至聖。別以為已經過了兩千五百年，歷史很久遠了，直到現在依然沒有人能達到孔子的高度，孔子就是頂點，除非哪一代突然出現一位聖人，都不能只是偉人了，得是出生就是至聖高度的人，那就是民族之福。

那太難得了！兩千五百年了都沒有這樣一個人，能把整個中華的高度一下帶到超越孔子，太難了。我們都寄託希望，這個時代能出一位聖人，能夠超越孔子的高度，帶領我們向上提升。

然而，即使聖人已經來到了，看起來也就是普通人的樣子。孔子在他所在的時候，人們也不知道後來他是位聖人，原來高度這麼的高。所以，子貢、子路有時候還跟孔子生氣急眼，比如孔子在衛國，單獨去見美女，子路就生氣了，問師父：「為人師者應該這樣嗎？」我們講《孔子家語》、《論語》的時候，就會講到這一段，孔子還振振有詞的反駁，非常真性情。

子路當時要是知道孔子是位聖人，而且他對孔子的言行以後都要記錄下來，他敢那麼說嗎？當時也就覺得自己的老師挺厲害的而已。

還有一段故事，孔子自己偷偷在家算卦，被子貢看到了，子貢脾氣不太好，就對孔子說：「您不是告訴我們不要學這些嗎？您這是在幹什麼呢？」對孔子用這種質問的口氣。

孔子又解釋：「我做的跟別人不一樣，我的準確率有70％。」這些記錄的，都是非常真實的師徒對話，可見當時孔子根本就沒有被當成聖人，他自己都不知道，但是他就是我們目前民族智慧的至高點，沒有人能超越。

所謂超越，並不是簡單地透過學習就能實現超越，不是那麼回事。從前有一部科幻片，描寫的就是一個特別廣袤的星球上，全都是動物，一點文明都沒有，都是猴子、老虎、獅子等等，就像地球沒有開化的時候，都是原生態，都是本能。

突然之間，出現了一個方柱，啪的一下落在一個大平臺上，這個方柱一看就是人造的、金屬的，但不知道是什麼金屬做的，形狀是方的，就像方尖碑似的，閃著光，上面有一些文字、符號之類的，也不知道是從哪兒來的，突然就出現在這裡。

動物們都不知道那是什麼，有一隻猩猩發現之後，就

跑過來摸了一下，於是這隻猩猩就開始開化，這個星球從此以後就因此出現了智慧。而這個星球上的智慧，最高的高度一定就是這個方柱，也就不可能有超越方柱的智慧，除非有一天又有一個地方，出現更高級文明的代表。

比方說一個圓球落下來，再有一隻動物摸一下、接觸一下圓球，然後才會有更高的智慧，但那時就一定沒有能超越圓球的了，就是這樣一個道理。

所以我們中華一直在說，最感謝我們的初祖，這裡的初祖並不是將我們生下來的祖先，而是要感謝伏羲，伏羲給了我們八個符號，代表我們文明最高的高度，伏羲就是那個方柱所象徵的初祖。至今沒有能超越伏羲的，所以我們所學的學問叫做「伏羲絕學」，沒有能超過這門學問的，所以稱為「絕學」。

除非什麼時候，突然又有一個比方說天外來人，超越了伏羲，我們才有可能超越現在最高的伏羲絕學。最原始的，但同時也是最高的，現在就能夠理解了。

這也就是師父的作用。我們在現實中，距離伏羲甚遠，伏羲屬於整個人類這麼大的範疇，不僅是中華，也包括西方，是全人類的智慧最高點。但是我們因為生長的地

域和空間有局限，接觸不到伏羲這麼大的概念，其實對每一個人來講，也有一個至高點，即精神上的至高點，就是我所接觸的人中最高的人。

比如我的父親，在我接觸的人當中是最高的，那麼我的智力不可能超越我的父親；我長大以後，脫離父親走到社會上，接觸到我的老師，高於我的父親，於是我找到什麼高度的老師，我的高度最高就是這樣。一個從來沒出過自己村子的人，高度不可能超越這個村的村長，絕不可能出現那種情況，一直在村裡沒離開過，突然之間直接就超越了村裡智慧最高的人。

讀書另當別論，讀書可以實現超越，讀書本身也是一種資訊，我們可以讀伏羲、孔子的書，那樣的話我雖然在小村子裡，但是我已經超越這個村子了。所以讀書的重要性，就是經典代表的高度，因為我身邊沒有什麼人能夠超越經典，經典本就代表高度。

但是中國人有沒有一輩子都沒讀過經典、甚至不知道有經典的人呢？其實有很多。這就好像不學佛學的人，基本上絕大多數都不知道有「阿彌陀佛」四個字一樣。所以，我們學習聖人經典，就是在向聖人看齊，當我們看到

經典的時候，就意味著我已經可以從理論上達到聖人的高度了，已經超越了我原來的局限。

在一個時空裡，就看遇到什麼人的引領。絕不是你看了伏羲的八個符號，你就是伏羲了，而是啟動了你的智力、智慧，你就有了達到伏羲的高度的可能性，只要你看到了八卦的符號，你就可能在現實中有各種機緣，之後有機會和可能性，遇到明師在現實中去學習。

所謂佛、法、僧，伏羲就相當於佛，代表最高的智慧；然後伏羲告訴我們八卦，也就是法；僧就是代代傳遞這套智慧的人，所以這個人就代表著一個高度。

遇到了什麼人，亦即是僧，就代表你能達到的高度。比方說伏羲萬丈高，你遇到僧就一丈高，那你也超越不了這個僧，高不過一丈，後面你又見到十丈高的、百丈高的、千丈高的僧，你就會不斷的超越，就是這個道理，所謂皈依佛法僧，就是這個意思。

同樣的，孔子就是聖人，亦即是佛，我們解讀的這些經典就是法，而傳授經典的人就是僧，佛法僧其實沒有什麼迷信，這麼一講大家就能理解了。

那我們應該怎樣開始起修呢？我們都覺得要想修道，

要想修行，得從做好事開始，而佛法修習就是從戒律開始，一進佛門就開始五戒。那麼儒學我們要從哪裡開始起修呢？就是三綱領。

所謂先明理，理就是明德，即陰陽之理，陰陽就是易，所以就是從易開始學習儒學，易講的全是陰陽之理，我們現實中用的也都是陰陽。比如看人看事，我們透過修行學習到底學的是什麼？其實最大的學習就是學會兩面看問題、兩面看人，所有的改變都是從這兒開始的。

世間的事情，以前為什麼就覺得痛苦，那是因為我們只看事物的一面。舉個例子，老公有小三了，我氣得不得了，活不了了，因為我只會一面看問題，就看到了不好。為什麼就是看不出好的一面來呢？到底有沒有好的一面？一定是有的吧。但是，即使我知道有好的一面，我還是想罵就罵、想打就打、該離就離、該痛苦就痛苦，這樣就是凡人。

得道的人如何處理這種問題呢？得道的人，就是該打就打、該罵就罵、該離就離，你痛苦但是我不痛苦。怎麼能做到別人痛苦、我不痛苦呢？其實很簡單，我不痛苦的時候，他就痛苦了，幸福來得真的很簡單。真正得道的人

不會壓抑，該怎麼辦就怎麼辦，得道之人會想，壞事在我身上都出現了，就該有好事了，我就等著好事來。

這也就相當於那句話：「舊的不去新的不來。」為什麼痛苦呢？還是覺得舊的去了，新的不會再來。如果知道後面有人排著隊等你，還會那麼痛苦嗎？這時候是痛苦還是覺得慶幸？所以事物都是這樣，當自己什麼也不是的時候，無論男女，好不容易找到伴侶結婚了，就會覺得總算有人要我了。一旦被人搶走了，又會想，我都已經這麼大歲數了，誰還要我呀？肯定沒人要了，這一輩子都會痛苦，真正的原因是因為這個而痛苦。

反之，如果有很多優秀的人在等著你，你還會痛苦嗎？就變成「快點給我自由吧」的心態了，分開第二天就展開了新的生活，哪還會覺得痛苦？

所以，任何事物都是陰陽兩面，但是有的時候我即使知道也不行，也從痛苦中出不來，就是不斷的痛苦。其實就是陰陽，講來講去，永遠都不可能離開陰陽。

最高的智慧就是「一」也，吾道一以貫之，這是孔子說的，意思就是把陰陽融合起來，就是太極了，是不是就是「一」啊，事情都兩面去看、兩面分析。任何事物一定

都有另一面，發展最好的時候，很可能就會有最壞的禍事在等著。

例如，突然升職了，從副職提升為正職了，特別開心，因為正職就有實權了，財色都來了。再然後可能就被捕入獄了，那時心裡最痛苦、最後悔的，就是當初突然被提為正職了，最懷念的反而是當副職沒人管、沒人理的時候，沒有實權，財色也不理自己，所以平安。錢不多也不少，朝九晚五的小日子，那時就會懷念。

然而，當初沒入獄時，就覺得副職不甘心，所以一旦升為正職，就都是花天酒地、為所欲為，於是就被捕入獄了。

任何事都是這樣，都是一種辯證。所以我們學習任何學問，道也好、佛也好、儒也好，一定是從這兒開始學，所有經典全都是這一個道理，就是「一」。

明明德，就是我們從陰陽當中得到的宇宙運行規律。我們怎麼修明德呢？從治其國開始修，也就是前面所講的，要在世間修，不能遠離人群。親民也是指在世間修，同時還要注意止於至善。儒學起修處，明理後知起修，明理即明德，起修的地方是親民，而後如何修是知止，緊接

著首先解釋止於至善，即知止而後有定。

我們提到佛學，首先就是五戒，然後是戒定慧。如此看止和戒，儒學和佛法有沒有相通之處呢？所以，我們現在修習儒學的時候，再來看佛學中的「戒」字，就會理解新的概念。修佛法從戒開始，五大戒即：不殺生、不邪淫、不妄語、不偷盜、不飲酒。

不殺生，現在我們有可能已經理解成了只要學佛法，就絕對不能殺生，小螞蟻都不能踩到，走路的時候可得小心看著有沒有蟲子，所謂「掃地怕傷螻蟻命，愛惜飛蛾紗罩燈」。因為不殺生引申為不吃肉，素食可以，可以吃菜葉不可以吃動物。但那不還是有高低貴賤之分，也不是講究平等的佛法啊，動物、植物不都是生命嗎？

其實都是引導、引申出來的，又從不邪淫引導出禁欲，結果導致正常欲望都沒了。我們都知道太平天國戰鬥力極強，人已經殘暴的近乎怪物，就是因為太平天國有一項規定，普通生民男女絕對不可以行苟且之事，發現即斬首，所以最後都憋成了殺人怪獸，這是史料可查的真實情況。

我們就發現，其實佛法中的戒，就是儒學的止。如

此，戒的意思也就是不要過，而不是絕對不能殺生，所謂「絕對不能」本身就過了，應該是不要極端的去殺生，不要以此為樂，不要折磨小動物，不要過分嗜殺貪吃，如果有這種行為，是不是就應該戒了。第二戒，不邪淫，有的人邪淫過了，那需要戒，但是正常的人性是應該有的。

所以學佛法，大多數人一學就偏，為什麼啊？因為佛學本身講究的也是出家修行，向釋迦牟尼佛祖學習，佛祖也出家了，放下妻兒，身披袈裟，家的概念全都不要了。

那麼有人就問了：「老師，現在學佛的戒和佛祖的戒到底是不是一樣的？」

如果從最高深的佛法，比如六祖禪來講，其實兩者就是一樣的；但是要是從印度傳過來的佛法來講，就不是一樣的。因為印度傳過來的佛法，就是講究出世、出家，然而講究必須出家和禪的宗旨是相違背的，六祖惠能告訴我們，在家、出家都是一樣，在《壇經‧無相頌》中就是這樣一再告訴我們，要修行不能離開世間，「佛法在世間，不離世間覺」，從未聽說過離開世間能修成的。

其實六祖禪和《壇經》本身就已經告訴我們，修禪會越修越平衡。如果修佛之人不清楚禪的概念，就會非常撕

裂，一片混亂。

　　所以我們學習並不是一說佛、一說道或者一說儒，就全盤的接受。我們要知道一個共理，一定不能偏離那個共理，然後去接收合乎共理的部分。而這個共理就是道，合道的那一部分我們要看到、接受，不合道的那一部分就得踢出去，這就是我們常說的，有取有捨，而不是我一旦認同就全盤的認同。

　　包括對儒學都是，我認同，也絕不是全盤的認同。我知道儒學是從哪裡來的、講的是什麼、最後要將我們帶向哪裡，然後我以此為標準，也就是吾道一以貫之，而其中的「一」就是「易」。所以儒學我們也不是全盤接受，如果某一學派的儒學不符合「易」，即使是在提倡光明和善，但也是在走極端，那我們就不接受，佛法也是一樣。

　　這個「一」、這個「易」、這個「道」，根植於我們的內心，我們以此為標準，符合這個標準的就是真正的善，即所謂「一陰一陽之謂道，繼之者善也」，這就是善的真正定義，違反、違背了這個標準的就是惡。

　　我們不是沒有標準，不是沒有是非，我們就是以此為鑒定標準的。現在的佛法中有很多糟粕，但是不能因為有

糟粕而整體否定所有的佛法；道學裡面也有很多糟粕，但也有其精髓之處。

精髓之處，也就是我們要銘記的標準：「人心惟危，道心惟微，惟精惟一，允執厥中。」這就是中華十六字真言（箴言）。符合十六字真言的就是近道，不符合十六字真言的就是遠道、背道。

不管儒學、佛學還是道學，遠離道的我們一概摒棄之；近道的，能將我們帶向一、帶向圓滿、帶向整體的，我們就要去學習，這一點一定要清楚。

因此，止於至善非常重要，知止就是儒學的入門，就像佛法的戒一樣。如此我們就發現，六祖惠能講的《壇經》的戒，與印度傳過來的戒，其實已經不一樣了，六祖只是用了戒這個字。

再比如「五戒、三皈依、四宏誓願、無相懺悔、五分法身香」，只是用了這些詞，其中涵義六祖都改正了，所以六祖禪是我們中華的、本土的智慧體系。

如此我們就會發現，儒學和禪其實是一回事，不僅同出一源，而且表達方式也是相同的，只是六祖惠能把佛法的術語拿來重新解讀，相當於身披佛法的袈裟，傳著儒學

的智慧，亦即是中華的智慧。

　　還是那句話，禪已經完全中土化、中國化了，也就是佛法已經完全中土化了，已經變成我們中華文明不可或缺的、非常重要的組成部分了。我們堅定這一點，就是從六祖惠能開始，然後唐玄奘起了推波助瀾的作用。

　　玄奘解經，把唯識宗的《成唯識論》這一套佛法帶回了中國，其高度也真正超越了佛教本身。正是在玄奘的基礎上，才有了六祖惠能，才有了禪在中華大地最終開花結果，這些都是不可或缺的。

　　如果有時間的話，《成唯識論》我一直想講一講，但是不敢起頭，太厚、太精深、太真實。《成唯識論》是佛法在印度發展到最高階段的時候，代表性的理論、修行方法、觀點觀念，然後傳到我們中華，又為我們的儒學、儒家文化添磚加瓦，就是在心性方面，彌補了我們中華文化在心的探究方面的缺失，對我們起了補充的作用。

　　在這樣的前提下，中華文明體系後來匯總成了儒學，再加上印度傳過來的佛法在心這方面的表述，最後到六祖惠能這裡才形成《壇經》，才形成了我們中華特有的禪文化。

因此，禪文化遍地，已經脫離了宗教，也脫離了佛學。不能說禪是一種信仰，也不能說禪是一個宗教，禪是一種文化，這種文化高高在上，是我們中華文化的精髓、精華所在，絕不是迷信。

《大學》的三綱領，不管是曾子寫的還是孔子的遺作，都可以確認是我們開啟儒學、學習儒學的大門，但是過程中我們發現，其實《大學》不僅僅局限於開啟儒學的大門，其實就是開啟了修道之門。儒學的最高處其實就是道，修習的目的就是引人向道。

第三章

文明精髓最高心法，
知行有根實用易道

第一節
知止定方向，心靜人安，智慧得道

三綱領我們已經講得很清楚了，接下來是：

> 【知止而後有定，定而後能靜，靜而後能安，安而後能慮，慮而後能得。】

這一段話我們怎麼理解？定在這裡是什麼含義，到底是什麼意思？後面還有靜、安、慮、得，又都是什麼意思？知止而後有定，這個定和佛法裡戒、定、慧的定是不是一回事？如果是同一個定，那後面的靜、安又是什麼呢？

這裡的定是方向的意思，也就是這事定下來了，就這麼做。「知止而後有定」的意思是，知道止於至善了，有了確定的方向，就按照這個方向去修。那麼知止是不讓人往善的方向繼續去嗎？現在不都是勸人向善嗎？不勸人向

善，止於至善，難道是不讓人家更好、不讓人追求完美、不讓人追求光明嗎？其實不是的。

這裡所講的都有針對性，是針對某一種狀態的人來說的這句話。比方說，儒學對應的就都是嚮往中華文明的人；反之，比如能有那種還是個大惡人，卻在想哪天學習一下儒學，學一學佛法嗎，怎麼可能？那種人一天到晚就想著怎麼害人了，跟他講知止，講止於至善，講別總幹好事啊，那完全不對路。如果面對的是一幫土匪、一幫為自己利益無所不用其極的人，能講這番話嗎？

這句話不是對土匪講的，孔聖人都是對他的弟子講的，而他的弟子本來都是追求完美到已經有點過頭了的人，然後還想繼續學習，追求更加完美，都有著一顆追求更加完美的心。也就是對我們這些在修行路上容易犯這種錯誤的人、容易追求完美的人講的。都是有語境的，對什麼人講什麼話，不能混為一談。

如果混淆了，肯定會有人不滿，「為什麼不導人向善！善良的人想更加善良，怎麼還能讓人不要更加善良呢，作惡的人怎麼能不要更加善良呢，居心何在？」

這就是因為他們不懂這個理，不知道我們是對什麼

人說這句話的，所以就會不滿，就會罵。因此，如果這句話、這套理對不適合的人講，就有問題了。比如一味的覺得這套理是對的，到監獄去做思想教育工作，講止於至善，是不是就有問題了？對監獄中的人就不能講這些了，而是應該講，一定要知道惡有惡報，要講因果報應、為子孫積德，要告訴他們得善良一點、日行一善，去改變人生，這樣才是陰陽平衡的狀態。

法無定法，對什麼人說什麼話，這才是智慧。基本上看《大學》的人，都是善過了的人、追求完美的人，所以《大學》告訴我們「止於至善」，並不是「止於善」，是這樣表達的，針對這樣一群人說的。

其實，六祖惠能是不是也這樣說呀。「不思善不思惡」，六祖惠能說的善，是不是也是至善呢？是的。意思就是不思至善，不要去追求至善、極端的善、一味的善，也就是止於至善的意思，都是一回事。

所以，止於至善就是方向，對於修行人來說，儒學也講究修道，就意味著「知止」是大方向。這就類似於佛法中「戒」是大方向，意思是什麼都不要過、不要極端，這就是大方向，這就符合太極、符合陰陽的定律。大家一定

記住，符合陰陽定律的就是善，就是標準，不符合陰陽定律的就是惡，善惡也是有標準的。

「定而後能靜」是指有了方向之後，堅定不移的按照這個方向去做，即是不斷的按照「一陰一陽謂之道，繼之者善也，成之者性也」的方向去做，就能自然而然的達到靜。

「靜而後能安」，靜和安的狀態有所不同，靜是針對我的內心、我的情緒，我的內心是平靜的；而安是指人的狀態，安於現在、安於當下，安得住。靜得下來，安得住，一個內一個外，心靜下來，人才安得住，這其中也有一個程度。

怎麼能夠靜下來，怎麼能安下來？如果我一味的追求完美，一味的追求所謂的成功、所謂的目標，是不是在走極端呢？這就是躁，不是靜和安。而我們要做到的是，既靜得下來、安得住，又不是沒有目標、不去追求，這就是陰陽。

追求的過程中也有陰陽，我是積極努力還是鬆懈無為，這也是陰陽。處處皆陰陽，當一說靜和安的時候，其實也容易落入到極致、極端，我們想心靜下來，是什麼都

不做了嗎？安於當下，就不思進取了？這些是不是都過了？就不知道知止了。

知止可不僅僅是止善，而是只要過了就得知止，然後回過頭來換個方向走，走著走著又過了，也得知止，又回來，如此來回之中，是不是就居中了？這要好好的理解。

其實我們講的這些就是易，就是陰陽。每個人都覺得，陰陽誰還會不懂啊？中國人都知道陰陽五大定律：對稱、對立、互根、消長、轉化。僅僅是懂，所謂懂理還不行，必須得用。現實生活中，可以說我們每一個起心動念都有陰陽，我們碰到的任何事情都有陰陽，我們接觸的每一個人都有陰陽，我們隨時都要有一個念，即陰陽的定律，不著兩邊亦不在中間，這也就是禪。

禪即是所謂說不清、道不明。道是什麼？越用邏輯離道越遠，沒有邏輯更摸不著邊了。道不是講出來的，有的時候是罵出來的，有的時候是勸出來的，有的時候是眼淚流出來的，有的時候是笑出來的，反而一定不是講出來的。

可以有各種表情動作，喜怒哀樂都是禪，但是只用嘴就是講不明白，越講越糊塗，為什麼呢？就因為你的思維

觀念，我們的思維模式，還是那種非黑即白、非對即錯的模式。要昇華，就必須得放下這些模式，但是說放下，又不知道怎麼做，這個時候就是一種混沌，一種說不清、道不明的感受。

有人會說：「老師，我悟到了！」

當你說悟到的時候，其實本來你已經有點感覺了，話一說出來就完了，那點感覺也沒了，你又離得遠了。

又有人說：「老師，我沒悟到。」

那你是確實真沒悟到，那就是一種感覺，這種感覺怎麼說都說不明白，越試圖表達越表達不出來。但是當你在做事的時候，你在對人的時候，你的狀態不一樣了，你的心態不一樣了，你看問題的角度都不一樣了。

以前面對同樣的事情，你會煩惱痛苦，現在你就不當回事了，就不覺得是什麼大事了。本來你覺得好像挺抑鬱，想請老師調理一下你的抑鬱，結果也沒怎麼調，只是大家一起聽老師解一解經典，笑幾頓、哭兩聲，抑鬱就沒了，也不知道是怎麼沒的。能理解這種感覺嗎？但是，當你說出你清楚抑鬱是怎麼沒了的時候，你又要陷入抑鬱了。

這到底講的是什麼？就是我們有了這個方向，我們知道這就是方向，就是易，就是一，亦即是陰陽融合。方向一定要定下來，確定了方向，然後不斷堅持練習，自然而然內心就會平靜了。這是一個自然而然的過程，而不是所謂苦修苦練的過程。

　　有人天天打坐，但透過打坐能讓自己更加清靜嗎？其實往往會發現，越打坐心越煩，平時的時候還覺得挺靜的，打坐才幾分鐘心裡就變得煩躁得不得了，覺得越坐越亂，能做到所謂的越打坐越定、越靜嗎？其實不是這樣的。

　　事實上，真正內心的靜，絕不是讓自己的形靜下來，不是讓身體靜下來，內心就靜下來了。事實上正好相反，越是打坐，越是形靜下來，心就越亂，這是不是也是陰陽啊？打坐不是為了練定，不是為了練靜，完全是兩個概念。

　　真正的靜是從哪裡實現的？就是知止、止於至善、任何事物兩面看、任何人兩面看，就是在一陰一陽之間去修。在這個方向上修，總是不過，但有的時候過了就過了，我就清楚的看著過了，差不多就回來了，回來換個方

向又過了，從這邊過又到那邊過了，但是我心裡清楚我在做什麼。

意思就是，做什麼事情都去找一個恰當的點，但是那個恰當點怎麼找，還說不清楚，道不明白。《大學》、《中庸》裡講的全是這些，其實講《大學》、《中庸》就是在講禪，我們越來越發現儒學講的全是禪，這就是儒學當中最高的心法。

唐的時候，禪的橫空出世，使我們中華文明整體上有了一種新氣象。如果不是禪出世，我們中華的心法真的基本上就沒落得差不多了，儒學就會變成純粹的帝王學，那樣是不是也偏了？但是，後世的儒學大師們，一代一代走下來，有的走到了心性學、理學部分，走上了封建禮教，又完全走偏了。

帝王學是彰顯於外，是治國，為國家濟世經邦；而心法則是要修我們的內心，亦即是「修身」。心法方面就是禪給托了起來，但是這並不代表我們孔聖人就沒有心法，孔子有極高的心法，以及極高的心法境界，甚至有最高玄學的境界。

孔聖人非常了不得，後面的弟子一代一代在傳遞、在

弘揚的過程中，漸漸走向了邪路，逐漸理解不了聖人的真實含義了，因為在經典中無法用文字表述出來，用語言都無法表述。

　　試想一下，孔子怎麼傳授心法。我現在這麼大篇幅的講解，都已經不知所云了，自己都覺得有點糊塗了。但是我心中有個一，心中有個易，怎麼都不會徹底糊塗，即使糊塗了我也能清醒過來。但當我太清醒了，我也會讓自己糊塗，太糊塗了我再清醒，清醒了再糊塗，人生就這麼過去了，但是在這個過程中，我們就在不斷的昇華。

　　在現實中碰到任何事、任何人，當煩惱生起的時候，那就是起修處。我們如何破除煩惱呢？一般我們的煩惱就是只會看到一面，然而一定有另一面。當我們猛然間想到另一面的時候，這一面、那一面反覆一想，一下子就平衡了，就不會想太多了，就不會再境上生心、念上生念了。

　　為什麼會念上生念？就是因為自己被別人氣壞了。舉一個現實而又搞笑的例子，「我恨死隔壁老王了，他給我帶來無盡的痛苦！我老婆怎麼能這樣對不起我、背叛我呢……」

　　就是這樣越想越念上生念，無盡的痛苦是因為隔壁老

王和你的老婆造成的嗎？是別人造成的嗎？反之，你的快樂是你老婆造的嗎？又會是隔壁老王造的嗎？大家有沒有想過這個問題？

有一種流行的搞笑說法，「所謂男人四十有三大喜事，升官、發財、老婆跑了」，如此笑談說來，你的快樂會不會是隔壁老王造的呢？因為隔壁老王把老婆帶走了，所以讓你有了重新選擇的機會，會不會是一種快樂啊？當然啦，首先得具備前兩個喜事做條件，升官和發財，然後才有所謂第三個的快樂。

但是這又有問題了，當你升官發財了，老婆還會跟人走嗎？不具備前兩個條件的，反而在無意當中第三件事自己就來了，不經意間老婆就跟人跑了，因為女人也在尋找她的快樂機會。

其實老婆跟人走了，是應該樂呢、應該悲、還是應該憤怒呢？這一個行為，是不是有可能會有很多不同的反應？我的心可能特別開心，也可能特別悲傷，或者非常憤怒，反應是不同的，但是跟這個行為本身有關係嗎？沒有吧。而是取決於我們怎麼看待這個行為，其實全都是只與我們自己有關的反應。

所以，如果我們真的做到堅持的修行昇華，當修到一定境界的時候，就真的能夠做到「不以物喜，不以己悲」的狀態。這是如何修得的？肯定不是打坐修得的，打坐永遠都得不到定。所以在《大學》第一段裡就明明確確的告訴我們：「知止而後有定，定而後能靜，靜而後能安……」意思就是，你內心的平靜一定是你真正掌握了陰陽的定律，亦即是明德；然後不斷的在現實中透過親民去修；修的就是止於至善，其實也是陰陽定律的一種運用，這樣形成的結果。

　　按照這個方向不斷的修，我心就能靜下來，心靜下來了，就能做到隨遇而安，我當下的一切，我都能接納。接納不代表我會固著，我就不進取了，這一定要清楚。安並不代表就不動了、固著了，而應該是，我接納當下的前提下，我努力的去奮鬥、拚搏。我奮鬥，我拚搏，我要改變，但不是因為對當下不滿意，要理解這才是安。

　　安，可不是那種狀態，我就是不動，當下最好，那我就再也不變、不努力了，如此是不是又走偏了？一旦又往不動、不努力那邊偏的時候，還得知止，我不能讓自己這麼鬆懈，就此滿足了，小富即安是不可以的，我要努力。

但是在另一邊也一樣不偏不過，我努力不是因為我不滿足於當下。

對凡人來講，都是對當下不滿才努力去尋求；修行人就不是那樣，修行人是安於當下，又要積極奮進。那既然安於當下，為什麼還要積極奮進呢？因為修行要的是一種昇華，要的是一個過程，而並不是專注於某一個結果。這既是儒學所講的定、靜和安，又是禪中所講的戒定慧中的定。

定是從何而來，儒學有其一套體系，即知止而後有定。而從禪的角度，六祖惠能明確的告訴我們，怎麼修能讓我們做到如如不動，心即得安，其實就是六個字「不思善不思惡」。不思善不思惡就得了安，就得了定，定了自然就有慧來了。

六祖惠能沒告訴我們打坐，他教我們的方法，就是《壇經》從頭到尾所講的這六個字「不思善不思惡」。誰能理解，誰能照著去做，誰就能得定，得了定自然就有慧了，也就修成了。

善和惡就是陰陽兩端，亦即是好和壞、黑和白，這六個字也就相當於不思好不思壞、不思對不思錯、不思美

不思醜，是不是一回事，是不是就是明德。在練不思善不思惡時就是明德，善惡即陰陽，不執著於陰，也不執著於陽，不著兩邊亦不在中間，其實這樣修就能修到定。

《大學》中講的也是一樣，定了以後就靜、安了，「安而後能慮」，慮即思慮，在這裡即指智慧。儒學中這個慮字，即所謂過了心的大事，亦即是佛法裡的智慧，只是儒學不講「智慧」這個詞。規律掌握了，方向對了，心就靜下來了，人就安下來了，然後智慧自然現前，這也就是佛學講的戒定慧。

「慮而後能得」，得就是圓滿的意思，即得道，也就是佛學裡的摩訶般若波羅蜜，大智慧到彼岸。要有定先能戒，也就是知止，而後有定了、有方向了，就有靜和安，然後有慮，就能得了。

也就是定了以後，自然智慧流露，然後就到了彼岸，這就是得，所謂得在這裡就是指「得道」。

第二節
綱領是根知行有序，果因轉換心腦合一

| 【物有本末，事有終始。知所先後，則近道矣。】

這一句話，就是對前面的這一段話，整體的描述和總結。物有本末，即什麼是根本，什麼是枝節，我們要清楚，我們不要天天盯著枝節，結果放棄了根本。

一棵樹要想生長得非常好，我們是不是只看到了樹葉、樹冠、樹幹，那麼所謂的好與不好，也只是看到了樹幹是不是過細、有沒有傷疤、樹葉是不是繁茂，我們只是透過這些來看。當我們發現樹有問題的時候，我們從樹葉和樹幹上想辦法，這是不是就是本末倒置啊？

能夠看清根本的狀態則是，我一看這棵樹的狀態，就知道枝葉表現出來的所有現象，都只是表面的呈現，反映的其實都是樹根的問題。所以，想把這棵樹調理好，我

不去看表面的問題，而是要挖掘樹根的問題，把根修理好了，樹自然就枝繁葉茂了。

這就是物有本末，在這裡的意思是，要想學儒學或者中華的道，根就是明德，但這僅僅是理，我知道明德是根，但只是知的根，而知和行兩者都是我們的根。

所謂行，首先得有對的方向，而行的根，就是親民、止於至善。這樣才完整，一方面是知，一方面是行，知之根就是明德，親民和止於至善就是行的根，要行就按這兩個方向去行，這就對應著三綱領。

為什麼稱之為綱領？就是根的意思，不能本末倒置。不能在現實中只去解決現實的問題，現實中所有的問題，其實都源自於你的分別心，都源自於你非陰即陽、忽陰忽陽的走極端。

多數人平時就是在走極端，天天都在對錯當中不斷的分別判斷，然後以此而做決策。綱領即是根，把三綱領學好了，然後「吾道一以貫之」，把這句話記住，隨時在做人做事中看，自己是不是符合一的標準。

從哪個角度去做人做事呢？從親民和止於至善的角度，我隨時都要從這兩方面來提醒自己，這就是行的根。

與人接觸的時候，有沒有那種融合，有沒有那種接納，有沒有動心？這就是親民。止於至善就是看做任何事是不是追求完美，是否能不追求完美的結果，所以這其中全都是陰陽。

當陰陽之理我們通了以後，就會發現我們說任何一句話都有漏，所以聖人無言，大智若愚。越是有智慧的人，看上去就是呆呆傻傻，話都說不明白。為什麼是這樣子？因為聖人總感覺這句話說出來了是有漏的，比如剛剛說的，不要去追求所謂完美的結果。

這句話難道也有漏嗎？的確，只要說出來就有漏。

不追求完美的結果，就對嗎？一味的追求完美的結果，對嗎？都不對吧。那到底追求還是不追求呢？所以不如不說。

但是，到底說還是不說又會有猶豫，這麼說是錯，那麼說也是錯，那我就不說了吧，不說更錯。這樣是不是又陷入到另一個極端的過程中了，就是在不斷的糾結，我說還是不說呢？說了是對，還是不說是對？這個情況大家看見沒有，更是錯的。

你還敢給別人出主意嗎？只要出了主意就是錯。

信不信？

有人出主意：「老師，你應該說。」

好了，你錯了！

「老師，不應該說。」

你又錯了。

「老師，那應該說還是不應該說？」

你大錯特錯了！

就是這樣的結果吧。

所以，修禪容易把人修瘋，要麼修成，要麼修瘋，那怎麼辦？

最後就是，直心是道場，願意說就說，不願意說就不說。或者，給報酬就說，不給報酬就不說。既然反正都是錯，說不說又能怎麼樣呢。

所以大家想一想，孔子這套學問能傳得下去嗎？怎麼傳呢？即使傳了，誰能聽懂？聽懂的是錯，聽不懂的也是錯，似懂非懂的更錯，傳下來太不容易了！

物有本末，就是我們真正要修身，就要抓住這個重點，這就是儒學的重點。我們就發現，儒學的重點即是禪。我們當時講解《壇經》的時候，也是這麼說的，讀著

讀著，恍惚中是不是以為正在解讀《壇經》呢？

有這麼一種感覺，親民就是對鏡觀心的陰影投射和黃金投射，是不是講解《壇經》、講禪的時候，我們用很大篇幅在講的，就是親民。

然後止於至善，是不是每本書都在講太極圖，在講應該往太極圖上哪個點的方向修，不是往邊緣上的極白點上修，而是往中間那個黑白平衡點上修，這就是止於至善。

不管儒也好，道也好，禪也好，全是這一個理，大道至簡，只是我們翻來覆去的講而已。

事有終始，一是本末，一是終始，為什麼聖人用詞用的是終始，而不是始終，這一定要清楚。現實中我們都知道有因果定律，有因才能有果，但這是現實世界低維度空間的物理定律，所謂有因必有果。

現實中我起心動念，想找女朋友、想結婚生子了，這是因，然後我就開始尋覓，找到女朋友了，結婚生了孩子，這是果，此即所謂因果。

在精神領域、高維度空間，則稱為果因律，先有果後有因，因為有了果我們才開始的因，所以是果先定因後來。這就是高維度和低維度空間的不同所在，理是不

同的。在精神領域高維度空間，一切都是果先呈現，然後在現實世界中才會開始進行，此即所謂心中有果，現實起因。

因為有果因定律，我們的禪觀想、易諮詢才有意義。只是想像就能家庭和睦、就能發財，豈不成了迷信。而實際應用中如此神奇的原因，其中之理，果在哪裡、因在哪裡，我們改變的到底是什麼，這些必須得清楚。

精神領域和現實世界也是陰陽，我們所有的應用方法都沒有離開陰陽，精神現實一陰一陽，相互轉換，那麼因和果，也是相互的轉換。

所以，我們在現實中如何實現能夠把事做起來，還是心中有理想、有目標，現實中開始去做，去實現理想和目標。這個道理其實很清楚，這就是一種「果因律」。

心中沒有任何的果，現實中直接就去做了，還做成了，這可能嗎？其實我們就發現，不論有意無意，我們做任何事，在心中一定是先有一個目標，然後才開始去做。意即是，你只要出門，就一定有個方向，你知道自己去哪兒。

有人疑問，「老師，我就是不知道去哪兒，我就出門

了，不行嗎？」

　　事實上，人一輩子也不可能出現一次出門自己不知道去哪兒的情況，一定不會有。這裡就會有一個問題，就是「我想」和真的實現之間是什麼關係。比如我想發財，這也是我們通常理解的目標，這種「我想」和精神領域的果是不是一回事？

　　如果是這種情況，我想要發財，精神領域就有一個發財的果，那我現實中一定都是心想事成。但事實往往不是這樣，我想發財反而在精神領域、內心世界中還特別害怕發財，所以「我想」和精神領域的狀態基本上對應不上，這才導致了我們的不成功、做不到心想事成，最後導致我們的痛苦。

　　我想要發財，特別想，結果投入了很多錢，不僅沒發財，最後反而都虧了，這種情況很常見，「我想」和現實最後的結果落差極大，這就是痛苦的根源。為什麼會這樣？

　　原因就是我們常講的，心腦不合一，天人不合一，天即是心，人即是腦。我想發財，但是我的心裡害怕發財，甚至現在已經有的這點財都覺得多，都會被弄沒了，這就

是因為天人、心腦不合一，所以痛苦。而我們把老祖宗這套智慧體系應用到現實中，就是為解決人的痛苦。

我們是怎麼解決的呢？我們就是更深的理解了這種不合一，你想發財了，我讓你看到你內心的真實狀態，你的心真想嗎？在你的心中財富是什麼呢？

比如用一個很簡單的方法，就能夠看到你的心真的想要財富嗎？實際上，即使我讓你看到了在你的心裡財富會吞噬你、毀滅你，但你的意識還是想要，心裡面卻在害怕、在躲避，就是心腦不合一。

然後，再尋找為什麼你的心裡這麼害怕財富，找到原因，讓你在內心中喜歡上財富，這樣是不是就心腦合一了。也就是心中的果真正出現了，不怕發財了。心腦一旦合一，現實中做事就心想事成了，這就是我們修習老祖宗應用智慧體系的意義。

事有終始，我們有方法知道所謂內心世界是什麼樣子，其背後就是知見、觀念和模式，當運用方法看到了你的錯知錯見、錯誤模式，然後調整和改變知見、觀念、模式，這才是根本，才是真正的調心之道。知見、觀念、模式沒變，心就沒變，現實中你也不會變。

「物有本末，事有終始。知所先後，則近道矣。」這句話是針對這一段來講的。知所先後，是指順序不能亂。三綱領中，明明德是第一位，想要入道之門，你首先得知理，即明明德，先知然後才是行，行即親民和止於至善。不能把順序顛倒了，理還不明的時候就直接去做，想親民你如何能親？親民可不是跟大家關係都好的意思。更不用說止於至善了，理都不通怎麼知止啊？

再者，前面的「知止而後有定，定而後能靜，靜而後能安，安而後能慮，慮而後能得」，這也是順序。修行講究的順序可不能錯，一旦錯了就不是在修行，就走上了邪道。

比如戒定慧，不知戒就開始修定，意即是不明理就開始行，然後就打坐求定、入定，理都不通，不知戒不知止，就不知道定是從何而來，以為打坐就可以得定，就是完全不明其理。

這也屬於物有本末，事有終始之意。修定，不知道根在哪兒怎麼修，那麼透過什麼能知道根在哪裡呢？即透過規律，也就是明明德。

知道得清清楚楚，然後再開始起修。這時怎麼起修？

即是親民，止於至善。到後面三綱領都能做到了，做著做著就知止而後有定了，然後依次是定、靜、安、慮、得，這就是整個儒學修身之學。

　　儒學就是修身之學，後面的齊家、治國、平天下，都是修身的延伸，推己及人，其實還是禪，修的就是一顆心，都是一個理。最後，「知所先後，則近道矣。」還是為了道。

第三節

儒學心法，修身之根本
致知誠意，心正一切順

【古之欲明明德於天下者，先治其國；欲治其國者，
先齊其家；欲齊其家者，先修其身；欲修其身者，先
正其心；欲正其心者，先誠其意；欲誠其意者，先致
其知；先致其知，致知在格物。】

「欲修其身者，先正其心」，這就是儒學的心性學，
也就是儒學的心法。而修身、齊家、治國、平天下，就是
指我得先把自己修好，然後家國天下都是身向外的延伸。
如果身不正，你的知見、觀念、模式就都是錯的，怎麼可
能帶出好團隊，你的家怎麼可能正，你的公司怎麼可能
正，你的國又怎麼可能正？

這裡就有本末，外面是末，本就是自身。先是本，根

不正，根是有問題、有漏的，外面的樹幹、樹葉是一定能夠呈現出來的。

但是要想正身，必須首先正其心。在此強調一下，這一句「欲修其身者，先正其心」其實非常非常的重要，中華文明的精髓都在這裡了。到底怎麼正心呢？整部佛法都是在講這個心，禪就是以心印心，就是讓人心正。

心正了身就正了，身正了一切的根都在這兒，而身的根就是心。在兩千五百年前，能提出這個觀點，中華古之聖人對宇宙自然規律、宇宙的形成和構造，有非常深透的認識，完全已經知道身和心的關係了。

對於身和心的關係，其實西方到現在都還不知道，西方心理學現在感覺熱度很高，只是因為發現了潛意識，但是潛意識可不代表心，甚至完全不是一個概念。從《成唯識論》和阿賴耶識的認識角度來講，所謂的潛意識的認識層次是非常淺薄的，根本完全不知道心的運作規律。

雖然現在西方科技發展得好像非常先進了，但那只是應用科學的層面，心到底是怎麼回事，這是基礎科學，涉及到宇宙之本、宇宙的真相。非常重要的就是，如何正心，亦即是怎麼修心。

　　此處講了，「欲正其心者，先誠其意」，這個誠意太關鍵了，意不誠，則心不正；心不正，則身不正；身不正，現實中家就會有問題，公司也會出問題，求什麼不得什麼。現實中一切的不順，一切的煩惱，都源自於你的心不正。心正了一切皆順，心想事成，隨心所欲。

　　要想調心，必須先清楚何謂誠意，意思就是「欲正其心者，先誠其意」。而「欲誠其意者，先致其知，致知在格物」，就講到了最根本的就是格物，格物然後致良知，致知就是知見和觀念正了，進而意才能誠。

　　帶著錯知錯見，沒有一個誠意，心就一定不會正。這也是一種順序，即所謂八條目的順序，這種順序也不能錯亂，也是「知所先後，則近道矣」。

【物格而後知至，知至而後意誠，意誠而後心正，心正而後身修，身修而後家齊，家齊而後國治，國治而後天下平。】

　　這又把前面的反過來說了一遍，意思都是一樣的，又強調了一遍順序。

【自天子以至於庶人，壹是皆以修身為本。其本亂而末治者否矣。其所厚者薄，而其所薄者厚，未之有也！此謂知本，此謂知之至也。】

「自天子以至於庶人，壹是皆以修身為本」，意思是世間所有的人，全都是以修身為最根本，所以《孝經》裡講，小孝事親，中孝事君，大孝立身，立身即是修身。

「其本亂而末治者否矣」，意思就是身如果都不修，身都不正，所謂家能安、公司能管理好、國家能治理好，是絕對不可能的。

「其所厚者薄，而其所薄者厚，未之有也。此謂知本，此謂知之至也。」意思就是本末倒置，把順序搞顛倒了，天天就想解決外面的煩惱，不知道從自己修身入手，只知道自己情感不順就去解決情感問題，沒有財富就解決財富問題，公司出狀況就去解決公司的問題，解決的都只是枝節末梢，只懂得哪有問題解決哪裡，就是不知道從根本上入手去解決問題。

現實中所有問題，都源自於身不圓滿、身不正，而之所以身不正，就是因為心不正、意不誠、知不至，如此下

來即找到了根本。

後文中便是引用了詩書等諸多的典籍，包括康誥（周書）、太甲（商書）、帝典（虞書）、詩經、論語、楚書（楚語）、秦誓（周書）、盤銘文（商湯）等等。原因就是因為第一章裡面全都是結論，古人寫文章即是如此，所有要表達的結論一定全在第一章。而第一章的第一句，就是開宗明義、總綱領，我們就知道這篇文章寫出來是要做什麼用的。古人就是這樣最直接，把最重點的內容放在最前面，不讓人猜。

而現代人正好反過來，現在寫文章如何開篇，一直繞啊繞，交代前因後果，看了半天，都快看到最後面的內容了，也不知道要說什麼，結論放在最後，即所謂綜上所述，必須都看完了才知道是什麼意思。所以，現代文章都是結論在最後，前文在不斷推導，而古人作經典絕不是這樣，經典一定是把最重要的放在最前面。

正如《韓非子》、《鬼谷子》、《黃帝內經》等都是如此，第一段讀完了，基本上就知道這一部經典是在講什麼了。首先最重要的內容一定在第一段，而後第一句又是第一段的點睛之筆。所以，我們看古人的經典就特別容

易，即使不知道是什麼經典，翻開看到第一句，就知道要不要看下去。例如「大學之道」，我就知道這是成人要學的入道之理，就知道了是我想看的。

如果不是我想看的，就可以立刻決定不再繼續看了；如果還想繼續看，就先讀第一段，所有的精髓、精華就全在這裡了。從第二章開始，就是如何解讀第一段，所以《大學》開宗明義第一章，就已經把重點列清楚了，三綱領八條目，大學之道即修身之道，最重要的觀點已經全部在此。

而後面第二章開始，之所以不斷列舉太甲云、帝典云、詩曰……，是為了告訴我們，第一章中講的明明德、親民、止於至善，並不是我自己說的，古之典籍中都有對應，都是古聖人所說的意思，我只是用現在的語言重新解讀一下。

孔子當初也是後人，他面對的是上古的文明，而孔子就是用他的時代當時的語言，用百姓能聽得懂的語言，重新解讀了諸如《詩經》、《康誥》、《太甲》、《帝典》裡面的辭句。這種表達方式的意思，與我們現在寫文章也有相似，主席說……、主管說……、委員說……，意思就

是，我要闡述的論點不是我說的，是主席、主管這麼說，蓋個帽，看看誰敢反對。誰要想反對，不要反對我，不是我說的，是古聖人說的，現在也都是一樣的。

所以，我們現在想提出什麼論點的時候，注意一定要用好這一點。因為如果是你自己提出什麼論點，會有好多人不服，要跟你辯論，質問你憑什麼是這種觀點。如果我們一提出論點，接著跟上「子曰……」，孔子曾經說過……這樣的話，用當下的語言是這樣的意思，所以我提出來的觀點，其實是孔子說的。所以一說子曰，大家就都老實了。

這是一種行文方式，也是一種說話方式，我們也是要學習的，要想表述自己，比如自己的公眾號、宣傳陣地，一定把知名的人擺在前面，在知名人的言論前提下，再把自己的觀點放在後面，這樣別人想跟你辯論都辯論不了。

第四章

改變自己無所不用，
修心最高無所不包

第一節
日日與過去決裂，慢慢磨自己修身

【《康誥》曰：「克明德。」《太甲》曰：「顧諟天之明命。」《帝典》曰：「克明峻德。」皆自明也。】

《大學》第二章文中都帶明字，孔子的意思很明顯，就是所謂明德，可不是我說的，都是古籍裡面的，這就是孔子的「信而好古，述而不作」。甚至「明德」兩個字都不是我提出來的，《康誥》裡面就說到了「克明德」，《帝典》裡面說了「克明峻德」，可以看到古籍裡面全都有這個意思，我都一一摘錄出來。因此，《大學》修身之道是古典裡面就有的，所以「皆自明也」。

【湯之《盤銘》曰：「苟日新，日日新，又日新。」

《康誥》曰：「作新民。」《詩》曰：「周雖舊邦，
其命維新。」是故君子無所不用其極。】

《大學》第三章也就是我們前面講到過的，商湯王的
洗澡或洗腳盆上寫著「苟日新，日日新，又日新」，後面
也全都是新。所以朱熹曾經將親民對應於這一段。前一章
的內容是在解釋明德有出處，而這裡是在解釋親民了，這
也就是之所以朱熹就將親字換做新字，去解釋親民了。

這裡的「新民」是什麼意思呢？就是在說總是要改變
自己。所謂「苟日新，日日新，又日新」，意思就好像新
陳代謝，像人的身體一樣，每天都有變化，細胞都有新陳
代謝，而日新月異這個成語，就是從這兒來的。

我們晚上為什麼要睡覺？現實中睡著了，我們的身體
就開始加速做新陳代謝工作了，同時忙了一天，身體上形
成的毒素，各個器官摩擦產生的垃圾，有一個清理垃圾毒
素的時間。所以晚上睡著了，血液就運轉全身，經過各個
腑器官，像垃圾車一樣收集起來，然後送去清理，統一
送到肝。

所以常說「夜臥血歸於肝」，血歸於肝了，我們就

能睡著覺；如果血不歸肝，我們就會失眠、就煩躁。血不歸肝就會在脾，脾統血，即調配，什麼時間血應該流到什麼地方。晚上睡覺的時候，脾就把血送到肝，如果肝有問題，肝不納血，血就在脾，就調不進肝裡去了。

而且脾主思，這就是為什麼睡不著時思慮萬千、浮想聯翩的原因，血若在脾，則越是睡不著想法越多，反之想法越多又越睡不著，因為血不入肝。關鍵在於血入肝後，肝臟就進行過濾、燃燒、淨化，把血液中的垃圾毒素淨化掉，也就是排毒。然後把肝消化不了的、剩餘的毒素，運送到腎，腎再將其排出體外。

如此這樣，我們每天就是一個新人。每天大量死亡的細胞，就被血帶入肝，燃燒、淨化，剩餘的交給腎排走，這就是一個正常的迴圈。如此正常新陳代謝，每天早上醒來一睜開眼睛的時候，我就是一個新人。

如果有人覺得自己沒有變新，那就是因為你的身體是新的，而你的心還是原來那顆心，是舊心。所以，這就是所謂「周雖舊邦，其命惟新。」在這裡的意思就是都有新有舊，身體是自然的新陳代謝、更新換代，心可不是隨著身體新陳代謝而更換變化的，心必須得自己去改變，這就

是修行的過程。

由「新民」告訴我們了，身體是在變，然而心怎麼變呢？那就要起修，亦即是從親民起修。這就是前面章節我們反覆講的，親民即是起修處，在跟人打交道的過程中，我發現的是我的心有問題，我改變的就是我的心，都是從親民開始，所以為了起修，「君子無所不用其極」。

通常我們認為「無所不用其極」是貶義詞，指一個人什麼手段都用，但在這裡是褒義詞，意思就是君子要想改變自己，要面對自己的過去，要想換成新的自己，就要無所不用其極，什麼事都敢面對，都勇於接受，極其勇敢，死都不怕。

真正面對自己，面對舊的自己，容易嗎？不容易。要想改變自己，更不容易。這裡說的可不是身體，真正想要「苟日新，日日新，又日新」，為什麼商湯王要刻在隨時能看見的地方，就是日日隨時提醒自己，我要跟過去決裂，我要改變自己。

我們最難的就是這一點，我們的知見和觀念很難改變，尤其是我們的模式，已經形成慣性了，很難再改變。

我知道自己這樣不對，不認可自己的這種模式，但是

我已經習慣了，想改變太難了。之所以要無所不用其極，就是因為太難了，稍微一鬆懈放鬆，一下就又回到了原來的軌跡。即使你已經修行幾年了，天天在講變化，天天學習方法觀察自己，而自己是可以感覺到自己變化大不大的，真的是挺不容易的。

經常是剛一開始修行時，變化可大了，從身體到心裡，各方面變化都很大，人際關係也有很大變化。但是發現修一段時間以後，變化就小了，後面就乾脆沒有變化了，再過一段時間，甚至會反彈，所以修行可不是那麼簡單。剛開始有股新鮮勁，我得面對自己、改變自己，有決心、有股力量支撐。

時間一長，一點點的就鬆懈了，等到後面就累了，就不想改變了，繼續再一鬆懈，就又回到原來的樣子了。然後就對自己說，算了，此生我曾經試過改變自己了，但是沒能成功，下輩子再說吧！

所謂修行的師父就是大鏡子，說話做事很容易被師父發現問題。一般誰是鏡子，人就會恨誰，之所以很多作徒弟的會逐漸遠離師父，就是因為不敢了。而且一般同修的眼睛也都是雪亮的，隨便說句話、做點事就被人發現了，

告訴你要注意這個點，發現你有那個模式需要調整，相互戳心，美其名曰助人自助，但是真的很容易受不了，於是就離開了修行地。

沒有師父、同修時，自己就是大師，都是自己發現別人的模式，建議別人改變，發現別人的知見有問題，而沒有修過的人都戳不到自己，因為別人都看不懂心。

到後來，一般最怕見、最討厭的就是同修，修行路上很大一部分人都是這樣，基本上都是這樣離開了修行。然而，中華自古講究嚴師才能出高徒，天天說好，天天捧著，慣子如殺子，所以必須得嚴厲，必須得變。

我們都想日新，身體的日新都能接受，心裡的日新可是很難接受。所以聖人用這一句「無所不用其極」，我就跟自己較足了勁，修下去了。真正有沒有這個決心，只有這樣才真正有可能實現日新，才有可能隨時改變、不斷改變。真正的修行是艱苦卓絕的，沒有人要求你什麼，真正的改變就是自己去面對，自己去改變，是心的改變，也就是知見、觀念、模式的改變，真的是很難。

比如我恨哪一類人，我就是恨，其實恨的時候很痛快，尤其是跟幾個志同道合的人一起痛罵的時候，可痛快

了。這時候應該告訴自己，要放下，要兩面看問題，那一類人也有好的一面。

但是很多人都是這樣，「我知道有好的一面，我就是不看，就是得恨他們，就是放不下，我越恨越爽！」所以，人想改變可難了，尤其是我認為的，更不容易。

基本上，現實中很慘的人，就會發現一個我們常說的規律：可憐之人必有可恨之處。你告訴他變一下，這麼做就不慘了，問題就解決了，但是發現他就是不做，你急得受不了，恨不得幫他做，但是他就是不聽，這時候你只能調整你自己的心、自己的狀態了。

要想改變非常不容易，所以君子為了讓自己真正能夠改變，無所不用其極。我們都不願意面對自己的內心，面對那個舊的自己，我們都覺得自己生生世世就是這樣的，不想換新樣子。但是意識層面，我們還總是想修行、想圓滿、想改變，其實都是假的，有時候只是因為好奇，不見得是真想尋求改變。

《大學》第四章，就是在講止於至善了，後面的章節就是這樣對應著三綱領寫的。然而，《大學》究竟是誰寫的，孔子到底寫了多少，至今也是歷史的一椿懸案。而

後面之所以說不是孔子寫的，因為後面的內容中都有「子曰」，所以就認為都是曾子在寫老師說的話了。

【《詩》云：「邦畿千里，維民所止。」】

這一句是在解釋止字，古代時的國家都城周圍，就是邦畿千里，維民所止。

【《詩》云：「緡蠻黃鳥，止於丘隅。」子曰：「於止，知其所止，可以人而不如鳥乎？」】

這一句的意思是，連鳥都知道自己在什麼位置恰當，何況是人呢。山河大地，沃野千里，百姓也不能想走到哪裡就走到哪裡，止即是指找准自己應該待的地方，一個城邦如果只有十公里範圍，我是這個城邦的人，那我就不能隨便走，我只能在這十公里的疆域內活動，這就是知止。

雖然從現實的地理環境情況來看，我可以走出去十公里以外，但是一旦走出去，我就是不知止了，就過了，就有可能有災難、有災害了。

比如每一家居住的地方都有一個院子，那我自由活動的範圍就是在自家院子裡，我大半夜走到鄰居家去了，這是不是就是不知止了。

意思就是人所到的地方不適合，即是不知止，到了別人家院子的邊界，就應該止住了，最多就是在公共區域活動，一旦到了別人家的邊界，就不能再進入了，這就是這裡講的知其所止的概念。

止字究竟是什麼意思？首先一定不是到達某個目標的意思，文章此處的內容，就是形象的表達所謂的知止，百姓都有一個活動範圍，不能逾越這個範圍，即使是鳥，也得在鳥的領地範圍之內活動，也不能超出領地圈子。這一句「知其所止，可以人而不如鳥乎？」鳥都知道自己應該待在哪裡，不會亂竄，何況是人呢，意思就是做人做事要有分寸，適當適度。

按此處所講之意，止字，就不是到達的意思了。而止於至善的意思，也就不是要努力到達最高、最完美的境界，或者不到達最完美就不停止的意思了。

在這裡就是在講適度，講一個活動範圍。我在我正常的活動範圍內，我行我素是沒有問題的，一旦越過了就有

危險，就有問題。這裡要理解清楚，引用這些典籍記載和孔子所言的用意。

【為人君，止於仁；為人臣，止於敬；為人子，止於孝；為人父，止於慈；與國人交，止於信。】

這一句大家現在是否知道應該如何解釋了？自古以來，這一句都是解釋為：作為人君要達到最高的仁，作為人臣要做到最高的誠敬……。這種解釋與前面的「邦畿千里，維民所止」，以及「緡蠻黃鳥，止於丘隅」，小鳥就在自己的山丘的範圍內棲息，意思是不是就對應不上了。

這一段的意思其實是，不可以過，不可以越界。「為人君，止於仁」，意即是要仁，但也不能過度、不能極致極端、不能跨越。因為為君要仁、為臣要敬、為子要孝、為父要慈、與人交往要有信，這些是不用說就人盡皆知的基本準則，而且人們都努力在向這個方向做。孔子怎麼可能教的是讓人做到極致，那就不是孔子說的話了，孔子肯定不會這麼解釋。

但是，現在幾乎所有對《大學》的解釋，都解釋成做

到極度、極致。反而，要是解釋成，為人君，不要太過於仁，太過於仁對於人君而言是最大的災難。

要想把這個理說通，後面可是跟著一大套陰陽之理，才能真正說清楚為什麼為人君不能太過於仁，而這一整套理，沒有幾個人能真正說明白。如果有比較長久深厚的修行基礎，聽到此還能理解一點，而剛開始接觸這套理時，一定會覺得很震驚。

我們從小到大接受的教育，都是覺得自己的仁還不夠，覺得我的愛還不夠，我付出的還不夠、我的善還不夠。而孔聖人告訴我們的是，已經多了，已經過了，這段話可並不簡單，得有一定的修行基礎，再結合「《詩》云」的內容，才能夠理解聖人真實表達的涵義。

如此理解清楚後我們再看，《大學》跟六祖惠能《壇經》中所講的，是不是都是一回事。《大學》講止，《壇經》講戒，都是告訴我們適度，找好自己的位置，別僭越，任何人事物一旦過了就不好了。

【《詩》云：「瞻彼淇澳，菉竹猗猗。有斐君子，如切如磋，如琢如磨。瑟兮僩兮，赫兮喧兮。有斐君子，終不可喧兮！」「如切如磋」者，道學也；「如琢如磨」者，自修也。】

這一段中最重要的一句是「如切如磋者，道學也」。而整個這一段所講的意思就是，要修身，要修道，得慢慢的磨，來回的如切如磋。其中用了很多的比喻，彬彬君子研究學問好像打磨骨器等，都是讓我們慢慢的磨，急不得，潛移默化的修習學問，尤其是修身、修道，並不僅是勤學苦練就能修成的，還必須得有足夠的時間。心裡的東西、精神領域、高維空間，必須得慢慢的磨。

要想認知這其中所有的理，然後在現實生活中還能夠實用，可不那麼簡單！得經過長期的、慢慢的磨，一點一點的發現越來越多的問題。可不是我突然遇到了明師，一晚上所有的問題就全都呈現出來了，調整幾下之後，第二天早上我就成為聖人了，這是不可能的。

我們發現身心問題、處理問題的方法看似很簡單，但是細節處的雕琢可並不簡單。一旦到了人的內心深處，

那種細微處的把握，惟精惟一，全都是精微處才能見真功夫。

儒學的修身，亦即是修道，是一種什麼樣的狀態，在這一段裡就告訴我們了，是「如琢如磨者，自修也」。那種狀態的樣子就叫做「恂慄」，謹小慎微、如履薄冰的心態和樣子。

一說到修行的狀態，就又能感覺到，《大學》的內容與《黃帝內經》、《壇經》，基本上全是一回事。現在我們也就知道《壇經》和禪都是從何而來，再繼續往後解讀，更會發現都是一樣的。

第二節
修身平息衝突人格，經典指月其道一也

【子曰：「聽訟，吾猶人也，必也使無訟乎！」無情者不得盡其辭。大畏民志，此謂知本。】

《大學》第五章，所謂「聽訟」，即審理案件，也就是指有衝突的時候。這句話的意思就是，當我面對衝突時，我跟平常人也是一樣的，盡量不讓他們有更大的衝突，盡量平息衝突。

這句話跟前面講的有什麼關係呢？如果不理解，就會感覺這句話出現的很突然。然而，孔子講話的每一句話一定是「一」，不可能亂入一句，表述的一定是與陰陽定律相合的內容。

訟，即是指兩個人爭起來了，各執兩端。審案就是為其評判誰對誰錯，對於審案的人來說，都想平息，不想讓

事情變得更大或更加極端。這裡的意思就是，當我碰到有極端的事情時，我都會去止息，任何事都不要極端，不要越處理越極端。

如果我們不守陰陽定律，人與人之間陰陽對立起來了，我們就隨時都在衝突中，就好像打官司，或者起了爭論衝突。而我們的內心裡隨時都有兩個我，一個對的我、一個錯的我，一個善的我、一個惡的我，一個黑的我、一個白的我，一個美的我、一個醜的我，這兩個我在內心中不斷爭鬥，而我的意識就相當於判官，每天都在判斷分別，就好像在審理案件。

我們每天都處在這個過程中，每天都在選擇，而當你想要對的時候，就有個錯的存在，你想要白的時候，其實就有個黑。你選擇的都是對、白、善、美、好的一面，而錯、黑、惡、醜、壞的一面，也就是對立的一面又不服，於是案子越來越大，官司越打越大。

我們在修身、我們在理解的時候，一定得知道經典在說什麼，經典的主題是什麼，因為經典的任何一句話，都不可能離開主題，一定要抓住這個點。

解讀經典，一定不忘主題，其中任何一句話、一個

比喻，都不離這個主題，所以，這就像我們的內心世界，修身就像判案一樣，前面講的是應該以什麼樣的狀態來修身，這裡講的就是以什麼樣的角度、身分來修身，盡量讓自己衝突的兩個人格平息下來，無訟即是不打官司了，不對抗了，這才是根本。

《大學》第六章的內容，其實在原文出土時，發現丟失不見了，現在的內容基本都是後人按自己的意思編寫加上的，不是聖人的原話，真正原文內容只剩下一句話：

【此謂知之至也】。

我們在解讀《大學》原文的時候，會有一點感覺，講的既是道學又是佛學的內容，這就是我們中華的經典智慧，說的全都是同一件事，無論儒、釋、道，還是《易經》、《黃帝內經》，甚至《山海經》也都是同樣的核心精髓，都是一回事，這就是所謂「其道一也」，如果是二的話，就不對了。學到最後，所有經典拿起來就能直接解讀，只要別是假的，因為假的就離開了「一」，離開了易，那就無法正常解讀了。

只要是上古留下來的真的經典，拿起來直接就可以解讀，就是因為說的都是一回事。所以現在我們一點點的薰陶，一點點的找感覺，當我們的知見、觀念、模式，真的接近道的時候，也就是「得一」了，任何經典拿起來就能解讀。大道在剛開始修的時候覺得非常繁複，後面越修覺得越簡單，到最後的時候就是個「一」，沒有別的，如果還有個二，那就不是大道了。

　　《大學》、《中庸》我們要認真仔細學習的話，十本書也解讀不完。這一本書就是告訴大家一個框架、一套根本的思維模式。中國的道究竟是什麼樣的存在，用文字語言去說，一定說不明白，但道的確就在，說白了其實就是一種看待萬事萬物的角度、思考問題的模式，就是在教我們這一件事。

　　經典裡千篇萬論，其實都在說一件事，只要掌握了這個「一」，看什麼就都是一回事。所有的經典都是指月的手指，都為我們指向了一個方向，所以我們不能沉迷於經典，執著於經典本身。

　　我們覺得經典真好，將我們導向智慧，同時我們一定要清楚，智慧是我們想要的，但是經典本身不是智慧，我

們既不可以離開經典，又不可以全然執著於經典。不要總以為經典裡有什麼智慧，其實經典裡什麼智慧都沒有，智慧就不在經典當中。

我們要找的是那個月亮，月亮是智慧，但是我們盯住指月的手指不斷研究，那是沒有意義的。手指本身沒有價值，手指不是我們要找的智慧，所以我們既要讀書，同時又要超越書本。

正所謂，盡信書不如無書，我們無論讀《大學》、《中庸》、《易經》、《論語》、《道德經》等任何一本經典，都要有一個認識，我們從經典的語句中，到底要得到什麼。最可怕的就是把經典背得滾瓜爛熟，現實中張口閉口就是經典，但背下來的只是文字，根本不知道背後的含義、真正的精髓是什麼，經典真正要表達的，從文字中是得不到的。

孔子在《易傳》裡講道：「書不盡言，言不盡意。」在文字裡是得不到真意的，在語言表達中也學不到真意，智慧既不在文字中，也不在語言表達中。本來是智慧，一旦落到文字上，文字本身所表達的含義一定是片面的，任何文字都是，一定表達不出整體性，語言也是一樣。所

以，文字裡、語言中沒有智慧，文字和語言都只是引導我們通向智慧、找到智慧的一條路而已，路本身不是終點。

我們讀經典文字，或者由師父口耳相傳，這都是路，在佛法中被稱為渡船，經典即是渡船，師父也是渡船。經典不代表彼岸，不是上了船就到達了彼岸，經典只是載你到彼岸的船。

師父也是渡船，是來渡你去彼岸的。你的終點是要到達彼岸，但是你自己游泳又游不過去，此時就需要渡船載我們過去。但是等到將要到達彼岸的時候，你就得拋棄渡船，拋棄意即是超越，得下船才能到達彼岸。

所以我們讀經也好，拜師求學也好，都是這個過程，必須得有超越經典的時候。經典不是智慧，師父也不是智慧，都是引導你通向彼岸的工具而已。但是，還沒到達彼岸的時候，能離開經典嗎？能離開師父嗎？不要過早的否定經典，更不要過早的否定師父。

才剛上船，船行駛了不到一半，就對師父說：「師父，我從經典中知道了，一切相皆是虛妄，包括師父這個相，經典又告訴我們，執著於什麼就放下什麼，我現在執著於師父這個虛妄之相，我要放下！」直接跳船下去了。

　　像這種修到一半，直接跳船下去了，與自殺無異，本來有機緣坐上法船，渡過業海。法船可以載你，為你擋去很大的風浪，讓你安全的在船上跨越太平洋，結果將經典中的一句話理解錯了，或者偏執了，直接就跳船了，又回到業海當中，隨波逐流。這就是學經典時需要非常注意的一點，我解讀經典也不會一字一句從字面上解，那樣解肯定不是大家真正想看的。

　　真正的《大學》、《中庸》，其實在大家之前學《壇經》、學《易經》、學《黃帝內經》的時候早就學過，而且肯定是全都學過，再讀應該就像複習一樣。如果你覺得即使讀過很多遍，再讀時還像新的一樣，那就有問題啦，那就是真沒讀明白。

　　當我們讀完佛、道經典，最後讀到儒學時，就會發現原來都是一回事，中華的智慧、中華的文明、中華的文化，原來都是一個根。當你感覺是一回事的時候，你就找到一點感覺了。

　　我們就要去找那個「一」，我們的口語都是「一回事」，為什麼不用「二回事」呢？萬物合一，看似世間萬事萬物紛繁複雜，但其實都是由一衍生出來的，最後都會

175

歸為一，我們就是為了找到那個一。當我真正找到一了，智慧就在一那裡，而不是在二那裡。所以我們在一起說話的時候，遇到對方聽不明白、聽不懂話，或者做不明白事的情況，我們都會說「你別二了」，而不是說「你別一了」，或者「你別三了」。

不過「三」即三生萬物，這我們也得要。別看我們說到一和三這些數字，好像很是簡單隨意，但是「一、三、五、七、九」在數字裡都有大奧祕。我們講中華先聖的智慧，其實我們中華的上古聖人，已經把數字的奧祕破解得非常徹底了，只是現在失傳了。數字的奧祕，就在河圖洛書當中，所謂天數、地數、人數，透過數來展示宇宙的規律以及奧祕。

西方完全是從我們這裡得到這些數字的奧祕，然後衍化成他們自己的數學、幾何、微積分……，這些原本都是中華的文明智慧。數術的開端就是在中華，但是先祖對宇宙全面、輝煌的智慧認知，我們基本上都拋棄了，甚至我們已經不知道自己的先祖有這些智慧了。

講到此處，不得不說智慧失傳的原因，也是有內有外，也有我們的歷史原因，肯定與我們現在解讀的經典

有關，也就是科舉制的演變。宋朝以後的科舉，已經將考試、考察內容縮減至只有《大學》、《中庸》、《論語》、《孟子》四書的經典範疇，之後各個朝代精英想打破階層限制，想在社會上獲得更高的成就和價值，必須通過科舉考試。

科舉考的是文章與人品德行，不考自然科學，書法寫得好是第一位。參加科舉必須有一筆好書法，同時寫得一篇好文章，而道德、仁義、品行、韜略都在這一篇文章中得以體現，卻將經典智慧的傳承大大局限了。

況且，中華自古以來不重視工業、算數、物理、化學等自然科學技術，尤其不重視工業發明創造，我們稱之為奇技淫巧。自古以來我們就是農耕社會，或稱為耕讀社會，第一重視的就是讀書，讀聖賢書，品德高尚，知道如何做人，這樣一類人稱為士；第二重視的就是農耕，中華古代把農耕、耕織視為高階層。現在農民、紡織工人變成了底層，都是出苦力的人，在古代可不是，中華古代的階層次序為士、農、工、商。

現在商人的地位到了社會的最頂層，賺錢比讀書重要，即使讀書也是為了賺更多的錢，讀書最優秀的人都去

經商了，社會整體全都亂套了、顛倒了。現代社會商是第一位，工是第二位，即實業技術，第三位才是讀書，第四位是農耕，如此豈能不天下大亂？

中華古代士、農、工、商，首先「萬般皆下品，唯有讀書高」；第二位就是農，即耕織，吃穿問題自古都是頭等大事，所以農民男在外耕地，女在家織布，男耕女織解決吃穿問題，所以社會地位很高；第三位是手工業，即古時的實體實業，比如鐵匠、陶瓷製作，階層在農民之下；商人就是最末位了，只是有錢，既不讀書又不創造財富，不像農民生產糧食，手工業者製作用品，都屬於創造，商人就是投機倒把、買進賣出，便宜的東西運到貴的地方販賣，並不創造價值，所以古時商最低賤，有錢但沒有社會地位。

農民、手工業者都是可以參加科舉的，但是商人不允許。你本人或你家裡人是經商的，你再想從政是絕對不可能的。所以古時經商者非常低賤、受人欺壓，延續到中國解放初期依然如此，還有投機倒把罪。

然而，後來沒有工作、被人瞧不起的地痞盲流，透過倒賣、走私，成了改革開放後第一批發大財的人。因此當

時出現一個說法，做原子彈的不如賣茶葉蛋的，這就是社會階層演變的過程。

說到社會階層演變，每一類人都有事業理想，也就離不開教育，這也是《大學》、《中庸》等儒學經典的重要作用之一。我們這一代人還是孩子時，問理想已經不是讀書功名了，各個都想當科學家，而現在的孩子科學家也不想了，都想當直播網紅、電競高手、遊戲玩家，能快速賺錢。

但是在孩子教育上，縱子如殺子，不管教肯定不行，絕不能只是玩，所以遊戲玩家也得制定訓練計畫，每天學習之外，必須訓練三小時，這樣一經嚴格訓練，開始時興奮，三天後就堅持不住了，以後就不想玩遊戲了，也不想當玩家了。所以，只要當成每天必須完成的任務，孩子肯定就會抗拒，這也是我們要理解的教育內容。

孩子自己對學習本來具備好奇心和上進心，這是本能，家長天天逼著學習，就把孩子好奇上進的本能抹殺了，最後孩子反而會討厭、反感學習。其實現在的家長都做錯了，孩子學習不用逼，對知識的渴求是自發的，千萬不要用我們的方式，把孩子自發的本能、好奇、興趣抹殺

掉，那樣就把孩子害了。如果想降低孩子對遊戲的興趣，就用上面這一招，制定的任務每天必須完成，不超過一週，孩子就會逆反抵觸，最後肯定就不玩了。

所謂逆其道而行之，孩子都會叛逆，本來就喜歡跟家長對抗，因此我們就反著說，但一定要找到孩子最喜歡的點。比如故意說一句：「除了能讓女孩喜歡之外，學習好還有什麼用？」這樣孩子反而會真正激發了學習動力。

現在很多家長都做反了，一味逼著孩子枯燥的學習，必須考前幾名，使孩子越來越討厭學習，事實上，所有孩子對學習的恨，全都來自於家長。當然，同時也一定要注意，不同的孩子要採取不同的手段，一定要因材施教、因地制宜，法無定法。但所謂逆其道而行之沒有問題，這就是所謂的「逆成長教育」。

但很多家長容易理解錯了，把否定孩子當成了逆成長教育，天天說孩子不行，考試 90 分也不行，因為孩子得逆成長，不能肯定他，還得敲打。「不行，第一名是 91分！」其實這樣是不對的，這樣不叫逆成長教育。逆成長是很講藝術性的，中華之教育本身就是一門學問，而且如果教子能夠做好，在工作上對員工也能應用，也會使得員

工積極努力、團結進取。

　　現在的孩子不想讀書、成科學家，想的不是遊戲就是網紅，這是現代潮流引導的結果。網紅、演員的民眾威信及崇拜度，在很多國家都是受控制的，但是現在我們卻已經失去了控制。失去了以前「士、農、工、商」的層級次序，一味向錢看，最後只剩一個商，其他類別就都沒了，大家就都沒有了定位，必將混亂。

　　但是我們要記住，歷史哪怕走了彎路，也一定會回到正常的軌道。我們不能去隨波逐流，不能看什麼賺錢就盯著什麼，否則，自己就沒有了主心骨兒。我們無論學《大學》、《中庸》、學禪、學道、學《黃帝內經》，其實都是在探究事物的本質，堅定大方向，在學經典的過程中去找那個「一」，從而指導我們現實的抉擇，只有這樣，才能從經典當中受益，才能長久。

第三節

誠意慎獨，走進人群，
對鏡觀心，內外對應

《大學》第七章，是很重要的一章，自古以來，學者、儒生們對這一章都特別感興趣。

【所謂誠其意者，毋自欺也，如惡惡臭，如好好色，此之謂自謙，故君子必慎其獨也！小人閒居為不善，無所不至，見君子而後厭然，掩其不善，而著其善。人之視己，如見其肺肝然，則何益矣！此謂誠於中，形於外，故君子必慎其獨也。曾子曰：「十目所視，十手所指，其嚴乎！」富潤屋，德潤身，心廣體胖，故君子必誠其意。】

首先有一個概念的古今對照，古代胖是褒義詞，說人胖了是極大的祝福，以胖為美，說明家境好，因為一般的

人都瘦得皮包骨頭。現在過了沒有幾天好日子，就開始討厭胖了，以瘦為美，不小心說人胖了，反而容易挨罵。

第七章這段話就是在講「誠意」，我們要理解什麼是誠意，又何謂慎獨。這一章是《大學》裡最難解讀的，歷史上對這一章注釋的也最多，因為誠意在正心前面，沒有誠意則心就不正，所以非常非常重要。歷史上的大儒對此有太多論述、各種解讀，這一章能解讀清楚了，《大學》基本上就能掌握了。

其實這一章所講的，還是我們一直在強調的，修行從哪裡開始起修，就是對鏡觀心。其中之理全都是對鏡觀心的理，《大學》裡講對鏡觀心的原理，比禪講得還要深透，總結出了何謂誠意，如何正心。我們天天講調心轉運，調心即是把心調正。如何調心？就必須得誠意，誠意就是最重要的一種調心方法。所謂誠意，就是不自欺，「毋自欺也」即誠意。

何謂「毋自欺也」？我的完美和我的不完美，我全都面對，就是全然的接納自己的完美及不完美。我們一直都在講這個理，學到此處是不是有一種感覺，千經萬論說的都是一件事，有沒有「太簡單了」的感覺。禪儒到底還是

相通，禪即儒，儒即禪，禪是儒之中華文明的正宗延續，已經不是所謂西域印度傳來的佛法原貌，已經完全與儒學相通了。

儒不是宗教，禪也不是宗教，孔子是老師，六祖惠能也是老師。人們都是向觀音菩薩、阿彌陀佛祈福，六祖惠能的真身雖然現在還在南華寺，但是大家並不是向六祖惠能燒香祈福，而是當六祖為我們的老師、學習的榜樣、引領我們走上正路的人，不是神，更不是教主。

六祖惠能已經完全超越了宗教，不能再認為禪是佛教，禪即是儒，是我們周文化、商文化、夏文化的延續，是中華的主流文化。大唐時期既是儒文化鼎盛，同時又是禪文化興起，而在大唐鼎盛之後，中華儒文化開始沒落，但是禪文化又興起，其實都是一回事，換湯不換藥，換了一身衣服，說的都是一個理。

這裡對誠意解釋得多好，「誠其意者，毋自欺也」。但是，真正要理解這個誠意，我們得做很多鋪墊，對鏡觀心黃金投射、陰影投射的理要清楚，然後再來看這一章，才能一讀即知講的就是對鏡觀心。「毋自欺也」即我是什麼人就是什麼樣，君子和小人的區別就是，「君子坦蕩

蕩，小人長戚戚」。

「君子坦蕩蕩」，意即是君子自己是什麼樣就表現什麼樣，坦然承認，「我也好美色，也喜歡美女，我是個正常男人。」事實上，說君子不喜歡美女，就是在罵他第一不是正常人，第二不是正常男人，因為喜歡美色本就是人的本性。誠的是意，而不是行。意是指我們內心的世界，行即是我喜歡什麼就一定要做到，要拿下。意中喜歡即心中喜歡，意字寫法是「立曰心」，即心裡起心動念，「誠其意」即心裡有什麼，我就是什麼。

再比如，我愛財就承認我愛財，又能如何，這就是坦蕩蕩。我認為我有完美的地方，我有我過人的地方，即使別人認為我完美，但我知道我也有不完美的地方；反之亦然，別人認為我不完美，我自己可不認為我不完美。

有人認為喜歡美女就是不完美，為人師表不應該喜歡美女，那是他認為的，我不會那麼認為。承認自己喜歡美色，即使到了八十、一百歲，還是正常喜歡美色，才有動力、有活力。否則，能看敢看的都是不堪入目的，哪有動力活得長久？

首先，活著得賞心悅目，不外乎食色，本質上有何例

外？所謂賺錢，不外乎是為了取得食和色，賺錢不是直接目的，換來美味佳餚，換來青睞崇拜的目光，就足夠了。然而，任何事也都要講一個度，如果天天山珍海味，天天美女相陪，那也受不了。只圖一時之快樂，換來無窮之痛苦，肯定不能那樣做。誠其意，我喜歡我就承認喜歡。承認喜歡了，在行為上才做不出來，這就是所謂心和行，亦即是意和行的關係，這些內容在《壇經》解讀中都詳細講解過。

讀《大學》不能局限在文字上，其實講授對鏡觀心，用這一章更直接。所以，儒學之所以稱為圓滿儒學，就是包含諸經諸法，各類學問的總結，可以在儒學畫一個完整的句號。我們學習了這麼多的道學《黃帝內經》、《道德經》，佛學《壇經》、《維摩詰經》，《孝經》、《六藝》，以及禪觀格物的方法和原理，在儒學裡全都能夠找到。

最早的學問是儒學，是夏、商、周的直系傳承。禪文化不是西域印度傳來的佛法，其實就是我們先祖的智慧、儒學的傳承，只是換了樣子、換了衣服而已。儒學就是中華文明的主流、主脈絡，與其他學問相通，且全部包含，

其實就是一個圓，也就是一。

　　一即是道，放下了、破了二就是一。觀念、理真正通了，這一步就是知，而下一步就得是行。這些智慧都得是練出來的，不是說理通了，一下就徹悟了，就得道了，一定要在人群當中去行。「慎獨」有好幾層意思，一層意思是，一定要慎重，真正要修行，一定要誠意，然後正心，真修行不可以自己藏著，躲在小黑屋、山洞裡，不要錯誤的以為可以獨修清靜，越是遠離人群越修不了；另一層意思是，不要以為自己藏得住，不要以為自己關在小黑屋裡，自己的陰暗面別人就不知道了。

　　慎獨，就是指自己是藏不住的。這一章裡說得很清楚，「人之視己，如見其肺肝然」。我們講的陰影投射，即是說我們的形以及我們的陰影部分，構成了一個完整的我，我自己看不見我陰影的部分，為了不讓大家知道我的陰暗面，我就藏起來，把門關起來鎖上不讓人看見，不讓人知道。但是聖人告訴我們，別人看你就像看肺肝一樣非常的清清楚楚，其實就是看到了我們的陰影部分。

　　事實上，別人看我們的陰影部分太清楚了，只有我們自己覺得好像藏得挺好的，而慎獨就是說，不要以為自

己藏得住。所謂「小人長戚戚」，長戚戚的意思就是，總是偷偷摸摸、鬼鬼祟祟、躲躲藏藏。所以，坦蕩蕩者是君子，長戚戚者即不斷隱藏自己不完美的人，就是小人。在這裡比喻得多好啊！

「君子必慎其獨也」，就是坦蕩蕩，本來什麼樣就是什麼樣，這就是所謂的自慊（謙），慊並不是滿足的意思，意思就是我本來應該什麼樣就是什麼樣，相當於自嘲，反正我也藏不住，所以我也不藏了。

君子經常拿自己自嘲一下，不是表白，而是自黑：「哎呀，我這個人不如你們大家啊！你們懷疑我愛財，不用懷疑啊，我就是愛財。還有人懷疑我喜歡美女，也不用懷疑啊，我當然喜歡美女，我是個男人，如果喜歡男人了，就有問題啦！」

君子就是這樣的，我就是我，我坦坦蕩蕩的告訴你，我是什麼樣，你想不想跟我交流接近，你自己決定。我既不是什麼所謂的好人，也不是什麼有大志大願的人，你怎麼看我是你的事，好壞完美與否都是你的感覺，但我並不覺得我自己完美。當然，任何一個人既有過人之處，也有其短處，我都坦蕩蕩的告訴大家。

「小人閑居為不善，無所不至」其中「為」即行為，這就不是意、不是心裡了，小人是把壞事做出來了，而且是什麼壞事都能做出來。「見君子而後厭然，掩其不善，而著其善。」見到君子以後躲藏，就是戚戚的狀態，掩蓋他的不善，這樣就是小人。嘴上說：「我可不是這樣啊，我不好色，我也不愛財。」天天自我表白，實際上在行為上已經做出來了。

越是這樣表白自己的人，在行為上越容易做出來，越說自己不是什麼，在行為上就越是什麼，這就是我們修行基本的理，即「而著其善」。口頭上天天仁義道德禮智信，現實中做的都是苟且之事；嘴上都是仁義道德，做出來的卻是男盜女娼。現實中只要去觀察身邊的人，君子和小人我們可以自己分辨。

所以，與君子交，不與小人交，意思就是，要離天天嘴上仁義道德、嘴上大願、嘴上救度、嘴上仁愛奉獻的人遠一點，這種都是小人。要跟什麼樣的人在一起啊？樸實一點的，不自誇、不自耀、不自我表白，做事的時候實實在在，不隱瞞自己的弱處，不隱瞞自己的不完美，這是君子，要跟這樣的人在一起。跟君子接觸，你就會受益；跟

小人接觸，必要受害，偷偷摸摸的無所不至，什麼招數都用。嘴上越說大愛的，現實中越是小人。

其實說的還是一個理，「此謂誠於中，形於外」，一個中一個外，一個心一個行，心裡什麼樣子和外面什麼樣子一定是對應的。然後「故君子必慎其獨也」，意即是沒什麼可藏的，走到人群當中，走到眾生當中去吧，只有在人中才能看見自己。

但是在這一段內容中，理在這裡有，方法可沒有。歷史上的大儒對《大學》的論著，講解這一段的時候，基本上沒有按照我們這套解釋去講的，更不要說還有一套對鏡觀心的方法，來圓滿自我、自己修行的，那就更加沒有了。所以，《大學》這一套理論，是為儒學起了個頭，就像《壇經》的「無相頌」，是一個意思，只是用的語言不同，但是也沒有說明方法。

只是看《壇經》的無相頌和《大學》的誠其意者，毋自欺也，如果沒有明師指點，能知道如何修嗎？何謂毋自欺？會不會理解成，喜歡美女就直接對人說我喜歡你；如惡惡臭，看到討厭的人，就君子坦蕩蕩的我也不藏著了，直接說我討厭你。如果只是從字面上理解，是不是有可能

君子就變成這樣了，所謂的嫉惡如仇、直截了當，自己感覺坦蕩蕩，覺得自己就是君子了。

歷史上太多讀書人受到這一段曲解的毒害，只是看這一段的文字，沒有理和方法共同的鋪墊，完全有可能變成上面的狀態，甚至找理由說自己「直心是道場」，自己喜歡什麼就說什麼，自己討厭什麼就直接對著幹。

正如明朝黨爭中的東林黨，就是一批這樣的人，都是諫臣，喜歡死諫，發現皇帝哪裡不對，就一味拚命的進諫，一味對著幹。這就是他們理解的誠其意者毋自欺也，天天直言皇帝就是不對，奸臣必須殺，我不是為了自己，我是為了國家社稷和百姓。

因為朱元璋開國時定的規矩中，有不殺諫臣一條，所以明朝皇帝很憋屈，後來的諫臣就因此以死相逼，皇帝殺了我就成就了我的清名，留下了皇帝的惡名。皇帝年紀大了，想修廁所，蹲便改座便，這事大臣都會死諫不許，開口就是先祖都沒這樣的先例，而先祖時根本沒發明座便，反正就是一味死諫。

這種情況當皇帝的都沒辦法，殺兩個來二十個，殺二十個又來兩百個，大家都想名流千古，當時的風氣美

名，就是所謂為家國天下被昏君所殺，子孫都榮耀。

所以明朝皇帝後來才不得不培植太監，逐漸形成東廠、西廠。東林黨人是不是剛正不阿過了、正義直心過了，因此逼出了皇帝支持的魏忠賢一黨。明朝就是這樣亡於兩黨的黨爭，東林黨學的就是《大學》等經典。所以說，經並沒有錯，但是讀經者把經讀歪了，最後也會成魔。天天研究如何光明、如何正義，口口聲聲仁義道德禮智信，當全都是這些時，自己就偏執到了一個極端，同時就壓出了大奸大惡，使得好好的明朝最後亡於黨爭。

仔細回看研究明朝歷史，就會發現諫臣們好像不要命，口說為了民眾，使得皇帝做不了任何事，用為了天下百姓的口號名義挾持皇帝，然而每一個諫臣背後都有豪門望族在支撐。最後明朝真正滅亡的原因，是社會藏富於民間富豪，而國庫空虛。其實皇帝都是好皇帝，但是大的富豪門閥、士紳家族已經形成，土地兼併，壟斷工商業，國家卻不能向他們收稅。

正常來講，賺錢越多應該繳稅越多，而明朝越是豪富越是不繳稅，原因就是朝廷裡所謂的忠臣諫臣，幫他們擋著皇帝。皇帝說國庫空虛，江南富庶，應該增加稅收，諫

臣馬上說不行，給百姓加稅先帝無此先例，也不會允許。表面的大公無私，背後都是大集團利益。

最後，明真正是亡在了軍餉發不出，一逢災年救濟糧發不出，災民為了不餓死，都變成了流民。李闖王就是陝西流民，所有沒飯吃的人集合在一起，哪兒有糧去哪兒搶。因為國家沒有存糧又沒有錢，錢糧都在江南富豪的手裡，囤積居奇賣高價，最後流民起義，雖然沒有戰鬥力，但明朝也已經沒有軍隊了，因為養不起。

所以，很多看似很正義之人，好好研究歷史就會發現，不是那麼回事，所謂為國家社稷、黎民百姓跟皇帝拚命，其實還是為了自己、自己的子孫，以及自己背後大集團的利益，結果最後皇帝被逼死，國家也亡了。

現在就可以理解了，同樣是學習經典，是不是有可能理解錯了，就學偏了。論注《大學》的人很多，但本書的觀點也難以得到所有人的認可，過於一針見血，所以傳播起來既困難重重，又得小心謹慎。不能只是自己所謂的坦蕩蕩，卻看不透口蜜腹劍之人，自己完美與不完美之處都暴露無遺，放在面前讓人抓，而小人們把自己都藏得好好的，想抓也抓不著，還是得因勢利導，法無定法。

「曾子曰：十目所視，十手所指，其嚴乎！」真正要想修行應該怎麼修啊？只是讀經典的話，那是誰在指，誰在看你呢？「十」的意思是眾多，意即是眾多的人都在看著你，所有人都在評論著你，你往哪兒藏啊？還有何可藏！這才真正是修。自己躲在小黑屋裡，沒人看也沒人指，還談什麼修行，根本修不了。所以，君子必慎其獨也。

最後一句，講的就是心和行。「富潤屋」，賺到了錢就蓋房子、買房子，自古以來都是這樣，億萬富翁住茅草屋，自古都沒有，不符合人性。我們富了，通常吃穿住行都要好一點，這是正常的，所有人都一樣。所以，這一家是不是富起來了，不用問什麼，只需去他家看一看，房子是不是換成別墅了。

尤其是女人有錢了，首先買房，女人要的是家，是安穩；男人有錢先買車、買好車，意思是要往外跑，車就是男人的房子，這都是天性。但是，男人開好車不代表真的發財了，有可能是面子工程，是否真發財，就看他住的地方。富潤屋，富是內，屋是外，有其內必有其外，這是相對應的。

「德潤身」，接觸一個人，他有沒有德一定有其外在的表現。但是身可不是嘴，很多人評價人是透過對方怎麼說，這是不可以的。所謂身，即是修身，這裡講的是修身達到的程度，內在真正有德之人的言行舉止、為人處事，這稱之為身。可不能被人的嘴蒙蔽了，嘴是身之漏，嘴上越說是什麼，身就越不是什麼。嘴上天天給承諾的人，必是無信之人，真正講信用的人，絕對不會掛在嘴上。身和口（嘴）亦成陰陽，口是個洞，是個無底洞，都是陰陽關係。口為身之漏，口裡表現什麼，身反而不是什麼。

「心廣體胖，故君子必誠其意。」胖的意思就是，心裡廣大，不壓抑、不憋屈，這樣的人從身體表像上看，就是安詳、富貴、舒服的樣子，這就是「胖」。這裡並不是現在肥胖的胖，而是舒服的意思，肥胖反而不舒服，同一個字但是兩個概念。

這裡的「胖」是一種狀態，是身和心的一種對應關係，意思還是「誠於中，形於外」，所以「故君子必誠其意」。這一段非常重要，而後面接著講正心，亦即是正心的表現。

第四節
通理正心修樹根，誠意對人是基本

【所謂修身在正其心者：身有所忿懥，則不得其正；
有所恐懼，則不得其正；有所好樂，則不得其正；有
所憂患，則不得其正。心不在焉，視而不見，聽而不
聞，食而不知其味。此謂修身在正其心。】

這一章寫的是情緒，那麼情緒是怎麼來的？我們要
連接上下文，誠其意才能正其心。所有的情緒都是失控的
狀態，失控的狀態背後，都有巨大的心理能量，而這種失
控的心理能量又是從哪裡來的？是因為意不誠，一定都是
壓抑而來。然後壓抑又來自於判斷、分別，因為有分別，
才有了好壞、善惡、美醜，於是有了取捨，也就是取好捨
壞、取美捨醜、取善捨惡，如此就壓抑了，這就是根。前
面對鏡觀心中講的，就是這個根。

誠意了，心自然就沒有各種情緒了。這些情緒都是對人的，對人有所憤怒、有所恐懼，有些感覺上是對事的，其實事的背後也是人，都是對人，修行沒有例外，尤其是修行的入門處。

先修好對人，然後修對事，再然後修對物，人、事、物，三個階段逐步修，就修成了。而對人的修行是基本、基礎，所謂先正其心，就是要先正這個心，跟人在一起的時候如何能如如不動，即「於第一義而不動」。

這種修行，也可以稱之為是「知止而後有定」，所謂止，即止於至善，不再一味追求完美，這樣前後意思就契合了。為什麼意不誠？就是一味追求所謂的最完美，才壓抑了所謂的不完美，這就是意不誠。

意誠是什麼樣子呢？當我接納了所謂的不完美的時候，我就止住了向完美的方向飛奔追求，這就是知止。還是一個道理，知止而後有定，定而後能靜，靜而後能安，安而後能慮，慮而後能得。正其心，還是從這裡來正。

誠意是具體修行的方法，要想知道如何更好的修行誠意，而後正心，首先得正知見、正觀念，這就是致知。有了正確的知見、觀念，就有正確的方向了，才知道應該怎

麼修。要想有正確的知見、觀念，只有格物，格物的根本就是明德。明明德，即是要深究萬事萬物最基本的規律，規律就在明德處，即是陰陽的規律、陰陽定律，亦即是一整套易。

從易中格物，所以格物、致知、誠意、正心，就是儒學修身的基礎。然後從修身一直到齊家、治國、平天下，就是外顯了，其實就不需要再修太多了，只需要把根修好。也就是一棵大樹，格物、致知、誠意、正心是樹的根，修身是樹幹，再往後齊家、治國、平天下，就是樹冠，就結成果實了。

這套學問就稱為心性學，所以儒學不僅講心，而且最講究修心。儒學把修心闡述得最直接、最徹底、最透澈，不要覺得只有佛法才是修心，我們往往都覺得佛法才是修心，儒學都是世俗中的仁義道德禮智信，世俗中如何與人接觸，其實不然。

「心不在焉，視而不見，聽而不聞，食而不知其味。」這句話我們都會有深刻的體驗，當你盯著一個顏色的時候，別的顏色就都看不見了；當你認為自己要做什麼的時候，你的耳朵其實是聾的，聽不見其他的。也就是當

我們心裡有「我認為」的時候，我的眼睛看不見，耳朵聽不見。為什麼會這樣？因為心不在焉，心就沒在那兒。

那麼，心在哪兒呢？為什麼心沒定在這件事上？為什麼心沒定在這個人身上？你天天跟老公說「離開你我就活不了啦」，對兒子講「我天天關注的就是你，為你操碎了心」，但是我們往你心中一看，老公、兒子全在你的心外面，心裡根本就沒有，這是一種常見的情況。

最後兒子對你說了一句：「你不愛我！你根本不關心我。」你聽了痛哭流涕，完全無法理解。你覺得你天天關注兒子，你的心可不一定真在兒子身上。那心在哪兒？在憤怒上，在恐懼上，在好樂上，在憂慮上，就是這一段所寫的，你的心其實就在這些上面，所以心不正。

當你恨一個人的時候，你會發現其他的你什麼都看不見，老公、老婆、孩子都看不見。最後發現你恨的人是你的父親，或者是奶奶，或者是隔壁老王，你的心就只在這個人身上。執著於一個點，全世界都消失了，這就是心不正。如此怎能修身，又如何齊家、治國、平天下？心都沒在家裡，家庭怎麼可能和諧。

這些都能在我們觀心的時候體現出來，很多家庭關係

不和諧的人，就能夠知道他的心在哪兒，是不是在家裡；或者事業不順，專案不成，工作有障礙，都可以查看他的心在哪兒，是不是在做成事業、專案上，還是心本就在事業、專案不成上。我們修的解決問題的方法，其實儒家全都有講，這就是儒學的實用意義。

真正最重要的是通其理。理不通，任何方法都用不對，用了反而可能害人害己。理真正全都通透以後，方法信手拈來。無法直指人心，現實中沒有改變，都是理不通。理通了，知見、觀念和模式改變了，就是致良知。為什麼沒能從知見、觀念的角度改變呢？為什麼無法樹立正知見呢？因為格物還不夠，還沒格明白，理和方法都得不斷的格。

學習經典，就是學其理。理通達了，再把方法掌握精熟，這就是格物。自己做到了，自己的知見都非常的正，自己作為鏡子就是一個平整的鏡子，而不是凹凸鏡。意思就是，自己是正的，在看別人的時候，就能看清楚別人是怎麼回事，同時別人在我身上就能看到他有什麼問題，很容易就能實現改變。

所以，理即是道，最重要。也就是說，明明德、親

民、止於至善中，明明德最重要。明明德即格物，是根本，不要輕視。

有一個規律，凡是看重方法而不看重理的，基本長久不了，真正能長期深入修學的必是尋求理而不太看重方法的人。只看重方法的人，修習一段時間後，感覺方法掌握了，就又去其他地方尋求更多的方法。

然而，重理不重方法的人，最後反而一定要把方法精熟，因為道理和方法也是陰陽。但先天喜好方法的人，就容易被方法，亦即是所謂的神通所吸引，道理根本聽不懂，也不喜歡，有任何問題都想學個方法直接解決，如此業障都比較重，基本上都不想改變自己，總想去改變別人，這樣到後來必然害人害己。

知見、觀念、模式是第一位。真正要踏踏實實的學，要把理先學通，千萬不要把重心放在方法上。理通了是方法的基礎，是數術的根。千萬不要本末倒置，「事有本末」不要顛倒。不探究其理，濫用方法、神通，只會害人，而不會讓人因你而更加圓滿，其實這樣的人只會改變別人、操縱別人、掌控別人，最後用在別人身上的力量，一定都會反噬到自己身上。所以在此提醒大家。

改變我們的觀念，知道什麼是格物，是什麼樣的知見，亦即是致良知，而後如何誠其意，如何正其心。心正了，身也就修了，身修了家也就齊了，家齊了，國也就治了，然後才能「則近道矣」，平天下就是無限的接近道。這就是儒學修行的階段——八條目，要好好記住。

儒學包含了一切的佛法，而佛法包含不了儒學，這要認識清楚。佛法僅是儒學的一個分支，因為中華文明的主流就是儒，當然不能局限於狹義的儒學。或者應該這樣說，佛法是我中華文明的一個分支，而不是主流，不是主幹，主幹就是儒。

透過精煉的《大學》、《中庸》，把儒學的框架、脈絡梳理清楚以後，再去學習《論語》、《孔子家語》，以及儒學六經，基本上就沒有問題了，脈絡框架的骨骼有了，其他的就都是血肉了，解讀就有方向了，就知道都是在講什麼了。

這就是所謂牽一髮而動全身，萬變不離其宗，不管怎麼變，中華的智慧、中華的文明講的全都是「一」，都是道，都是一回事。不管怎麼解，都不能離開這個「一」，離開了肯定都不對。

　　這就是我們東方中華和西方的區別所在，西方講
的是二，即是非黑即白，有一個唯一的上帝，但又有撒
旦，完全不是我們中華「一」的概念，這就是本質的分歧
和差距。

第五章

勘透陰陽現實應用，
親民知止修齊治平

第一節
齊家在修身，內心平衡，現實灑脫

《大學》第九章，主要講的是修身、齊家。

【所謂齊其家在修其身者：人之其所親愛而辟焉，之其所賤惡而辟焉，之其所畏敬而辟焉，之其所哀矜而辟焉，之其所敖惰而辟焉，故好而知其惡，惡而知其美者，天下鮮矣！古諺有之曰：「人莫知其子之惡，莫知其苗之碩。」此謂身不修不可以齊其家。】

「人之其所親愛而辟焉」，其中「辟」即是偏頗、偏向，「所親愛」即我喜歡的。從人的人情、人性來講，比較喜歡的，往往就會偏向。我喜歡一個人，看他怎麼做都覺得好，即使他做出一些不好的事，我感覺也挺好。

就像我們對孩子一樣，別人家的孩子一鬧一吵，就覺得煩，「誰家孩子這麼沒禮貌、沒教養」，而我們自己的

206

孩子吵鬧、大聲叫嚷、四處亂跑，還覺得很喜歡，「咱孩子中氣真足、精力真充沛！」是不是這種感覺？其實這就是人性使然，我們修身即是從這些之中看到人性如此，再去起修。

「之其所賤惡而辟焉」，就是我討厭一個人，然後看他哪兒都不好、都不對，怎麼看都煩，這是一種極端。

「之其所畏敬而辟焉」，基本上如果敬畏一個人，就會被他嚇得不行，一輩子全都怕，這就是人性，就是走極端。

「之其所哀矜而辟焉」，當同情一個人的時候，無論他怎麼樣我都特別同情、憐憫他，人是不是就是這樣的？

「之其所敖惰而辟焉」，敖惰即驕傲怠慢。就是當輕視一個人時，他幹什麼我都會煩，都會輕視、怠慢，他說話也覺得不好聽，一開口說話就想讓他閉嘴。做事也是總覺得懷疑這件事他能不能做好，即使他把事情做好了，也總覺得他也就能做好這一件事而已，其他的都做不好。

所以我們的人性，如果不修就會放縱，我們的情緒其實都是一樣，要是不控制的話，喜歡的就無限的喜歡、過分的喜歡，愛的時候愛得死去活來，恨的時候恨得刻骨

銘心，人就是這樣的。想跟這個人戀愛結婚的時候，海誓山盟，看這人身上全是優點，愛得海枯石爛，結婚七年之後，不離婚都不行。都是面對同一個人，為什麼會這樣呢？

人性即是如此，我們看著一個人身上一個點黑，基本上他就全黑了，西方心理學稱此為印刻效應。人就是這樣，看一點即是全面，以點帶面。然後對於整體，要否定就全否定，要認同就全認同，這就是凡人。凡人看問題、看人都是一個點，一個點就代表整體。

那麼「齊其家在修其身者」，齊家和修身有什麼關係呢？上面講的就是齊其家，愛一個人、要與之結婚的時候，愛得死去活來，愛的都是他的優點，因為看中了他的某項優點，或者某幾個優點，對他就全部認同，喜歡的了不得。當一下看到他的缺點以後，優點就都看不見了，看到的全都是缺點，然後又恨得了不得，天天吵架。

對孩子難道不是一樣嗎？對一個孩子有了正面評價，就覺得這個孩子很好、很優秀，然後怎麼看都覺得他優秀，但是對有的孩子就越看越生氣。即使是自己的親生兒子、女兒也都是這種情況，有的時候爸爸媽媽就看著一個

第五章 勘透陰陽現實應用，親民知止修齊治平

孩子各種生氣，開口就是孽種，就是覺得他不如他哥哥、姐姐，這樣一個家怎麼能和諧？家裡為什麼總是衝突分裂狀態，相互怨恨爭鬥？

有些孩子對父母也是一樣，一旦看見了某一個點，比如父母下班回家後沒有抱他，就近抱了一下哥哥，他一下就記住一種感覺「爸爸不愛我」，其實他爸不僅愛他，而且把所有都給他了，但他就是看不見，心裡只有這一點「爸爸下班不抱我，抱哥哥了。爸爸不愛我！」

這種案例太多了，其實父母已經對他愛得不能再愛了，但是就這一個點記住以後，就會恨父母一輩子。這種情況經常遇到，如何對治呢？就是用儒家的方法，原來盯住了一個點，就下結論，爸爸不愛他了，用方法讓他看到整體全面，一下他就放下了，發現爸爸原來真的是愛他的，這一點轉變了，馬上跟父親的關係就好了。這就是齊其家。

為什麼家會不齊、不和諧？就是因為身不修。為什麼身不修，家就不齊呢？就是因為看自己、對待自己的人格品質時，肯定的就一味的肯定，一旦否定就一味的壓制和否定，對自己就是這樣，然後推己其人，從而推到了家

人身上。

　　所以，要想對治，家庭要想和睦，其實非常簡單，把自己修正了，心正了，我們看自己的時候，能夠接納，能夠包容，而且是能夠全然的接納，所謂的完美與不完美都接納，就可以接納和包容家裡人了，這就是齊家。後面接著就講了，對於這種基本人性，如何實現對治。

　　「故好而知其惡，惡而知其美者，天下鮮矣。」意思就是，兩面看問題的人天下很少。說的還是一個理，也就是我們一再強調的，所謂的陰陽之理，也就是易之理。但是這其中的關鍵問題在於，陰陽之理起作用是在意識層面，還是在心理層面。

　　我們就發現，有些人說：「我恨我爸爸，有很多例子證明爸爸不愛我，比如爸爸下班不抱我，抱我哥哥了，但是沒抱我！」

　　然後，跟他一聊：「爸爸除了不抱你，有沒有對你好的地方呢？」

　　他回答：「那有啊！督促我上學，給我買很多好東西，等等等等。」

　　再問他：「那你還恨你爸爸嗎？」

還是回答：「恨他！」

於是我們就發現，只是知道這個理「好而知其惡，惡而知其美」，然後想從意識上講通，基本上不可能。而且會發現，理往往很容易知道很多，甚至意識上已經很清楚了，但是無法改變，根本就解決不了問題。其實，只知道理，然後在意識層面去勘，基本上解決不了問題，這就因為其中還有更深的東西在。

說到更深層面，包括上面一章講到對鏡觀心，其實都不是在理上「毋自欺」，不是在意識層，亦即是表層的「毋自欺」，那到底是在哪個層面上呢？我們所說的其實是在內心即「意」的層面，而不是表面即「行」的層面。

君子的「毋自欺」，肯定不僅僅是在理這個層面，理的層面其實很容易講明白，所謂接納自己的完美與不完美，但只是講明白，如果沒有方法深入內心，還是起不了作用。

我們發現，如果只是從字面上解讀《大學》，其實全是一番空談。這些理誰不明白？諸如看人應該兩面看、唯物辯證法、客觀看問題、歷史唯物主義等等，詞用的都非常好，理就是辯證法，亦即是兩面看。但是，問題在於如

何能真正起作用。理大家都知道，應該客觀的、辯證的看待歷史問題，以及當下的人的問題，但是真正做起事來時往往全是極端。

理都通，說的都對，為什麼一落到現實中就不是了呢？就是因為浮於表面。所以，不可以只是講理，在此聖人告訴我們具體應該怎麼做，就是我們在理通的前提下，還得有方法，亦即是入心之術。深入內心是有方法的，這一套理其實是在內心裡面起作用的，也就是在「意」這個層面起作用。

身為什麼不修？因為心不正。心為什麼不正？因為意不誠，意即是內心當中愛財、愛色、愛吃，卻不能誠實的面對自己的內心，無法在內心中真正通達這個理，即所謂意不誠。

在內心當中通達於理了，在形上對食色財反而就不會有所表現了。因為一味的追求是一種過度，這種過度其實是一種失控，而失控的力量來自於壓抑，壓抑的原因來自於知見、觀念。例如，壓抑的背後也許是有創傷，而創傷本身也是因為有知見和觀念。

「爸爸不愛我，因為爸爸下班回家以後，只抱哥哥不

抱我。」這是創傷，這個創傷背後就有知見。其實爸爸就這一次沒抱他，其他每次都是先抱他，再抱哥哥，但是就這一次，他就記住了「爸爸不抱我就是不愛我」，這就是一種知見，因此就一直覺得「爸爸不愛我」，一次不抱都不行，背後還是知見。

其實這套理，即格物、致知、誠意、正心，修身、齊家、治國、平天下，都是環環相扣，一環都不能差。八條目是一整套體系，順序還不能搞錯，此即謂「知所先後，則近道矣」。

如此一點一點的學習下來，在我們的心裡、腦中就形成了一張地圖，於是就能摸到一點門道、知道門在哪兒了，一點一點在心裡描繪出一個路徑，這樣我們在現實生活中自己碰到這類事情，或者遇到別人有類似情況的時候，基本上就能知道哪裡有問題了。這就是儒學。

儒學絕不是空談，絕不是只在教人仁義道德禮智信，不是一味讓人讀經典、做善人、做好人。儒學是一整套的體系，既有大門，又有路徑。入門有入門的道，入門之後又有路徑，供你一直走向終點，即是圓滿。儒學路徑的科學性，比佛學、道學都高明、更直接、更符合人性，沒有

那麼多的迷。道法容易重術，佛法容易空談心性，一說「心」時，就讓人丈二和尚摸不著頭腦，沒有路徑了。

佛學很容易入門就錯，從行善、不殺生、不妄語、不邪淫開始讓人入門，從戒入，很容易把人帶偏。基本上，學佛的人如果沒有明師直接帶著，進門即偏，進門即迷。而道學如果沒有明師帶著，一入門就會側重於方法，即所謂神通和術。

只有儒學，能夠把這條路徑清清楚楚、明明確確的彰顯於外，我們通過這條路徑，就能很容易走捷徑，通向圓滿的終點。這就是儒學的高明之處。

千萬不要小覷儒學，但是學習儒學也絕對不是自己拿著經典去讀、去悟，就能找到門和路徑的，也得有明師帶著走進去，如果被儒學的字面迷住了，永遠不得其門而入，最後會反其道而行之，天天想成君子，最後反而成為小人，甚至成了魔。

如果有明師，我們當然選擇從儒學入門。儒學最接近生活，最講究在現實中直接有成就，在此過程中身心又都修了，還不脫離現實。佛學、道學都容易脫離現實，而所謂禪在世間修，但禪是佛學裡的最高境界，沒有幾個人能

悟到那個高度。

　　往往一進佛門就容易迷信，天天拜佛拜菩薩，還有各種戒律、各種儀軌，然後人就會分裂。出家不出家？吃素不吃素？結不結婚？佛祖家、國、王位都不要了，我的企業還要不要？家還要不要？

　　結果，有很多人學佛之後企業破產，家庭破裂，孩子都不見，美其名曰為大愛而出家，為公捨去私，卻都走進了誤區，偏執得很，滿口大道理，無事談心性，張口即是「一切相皆是虛妄！一切有為法，如夢幻泡影，如露亦如電。」談到財富就說「錢是王八蛋，糞土一堆而已。」最後窮困潦倒，事業不順，感情不幸，家破人亡，歷經磨難，只剩清高，還在大談「我是修行人，歷史上都必須歷經磨難，才能有所作為。」

　　真正修行人的磨難是怎麼來的，他根本不知道，他自己的磨難可是自己作來的。正所謂天作孽，猶可違，自作孽，不可活。即使釋迦牟尼佛祖真的托夢而來也只能說，你自己回頭看看自己吧，再自己作就作成魔了。

　　雖然佛祖本人真的是出家了，放下了老婆孩子、事業家庭，但是眾生難以理解佛祖的高度，所以後世子孫不要

輕易學佛，容易學偏、越學越不順。並不是佛有問題，也不是佛法有問題，而是眾生理解的問題。正因為不注意這些，所以遍地邪師，所以曾國藩家訓第十一條，就在告誡子孫遠離僧道。

道學更不可以隨意去學，世面上流傳的道，基本上都是術，神通、符咒更可怕，直接報在現實。本來是為了修行，為了向善，為了昇華，為了圓滿，最後卻學得非妖即魔，給家庭、子孫帶來災難，又是何必呢？

然而，我們也不要對任何學問體系存有偏見。任何學問體系也都有陰陽，有光明的一面，也有黑暗的一面。佛學、道學是這樣，儒學也是一樣。儒學有光明也有黑暗，如果儒學按照我們書中這樣平衡的來講，就太極平衡了。儒學如果僅是按字面去解的話，追求的不是平衡，而是正義光明，那就走向了偏執，壓抑而呈現出黑暗，而且會物極必反。

我們從修身角度講，對各種學說沒有偏見，但是從中華民族的角度來講，守住我們中華的精神領域，守住中華傳統文化，抵禦文化入侵，則是另一個概念。

我們對待各種學說的態度，都是取其精華，即是和

諧、平衡的一面。合乎一的就是所謂的善，不合乎一的、走極端的，就是所謂的惡。不管是什麼學說，這是唯一的標準。都是有標準的，善也有標準，就是「一陰一陽之謂道，繼之者善也」。

再比如，我們看待基督上帝學說也是一樣，也有平衡的陰陽兩部分，只是看如何解讀而已。所謂上帝是萬能的，創造了一切，但是還有個撒旦出現，破壞了上帝度人的事業，那上帝還是不是萬能的呢？撒旦是不是上帝造的？上帝為什麼要造個撒旦，把自己氣得夠嗆？因此還是那句話，任何事情，包括上帝也有另一面，就是撒旦，而現在說的上帝和撒旦合起來以後，才是真正的上帝。

這就好比釋迦牟尼佛祖和波旬，佛祖沒成佛的時候有個波旬在，後面成佛之後波旬哪裡去了？到現在都找不著波旬。其實是波旬和釋迦牟尼融合後，就成佛了，不然的話就是分裂的，釋迦牟尼也不是佛。融合成佛，然後釋迦牟尼沒了，波旬也沒了，都在佛祖那兒了，都是這一個道理。

釋迦牟尼想成佛，波旬不讓，兩個人對著幹了千百萬世，最後菩提樹下四十九天，就是波旬折磨、誘惑釋迦

牟尼的過程，豬蹄、美女、毒蛇、猛虎⋯⋯，不斷折磨了四十九天，釋迦牟尼就是堅毅的不受影響。兩人經歷了多少生多少世的鬥爭，誰也鬥不過誰，事實上是，自己怎麼能鬥得過自己呢？自己鬥自己，肯定越鬥越強，這邊越有毅力，那邊就越強大。到最後，菩提樹下七七四十九天夜睹明星，幡然領悟，對面這是我自己啊！嘩的一下就融合了。

不然，釋迦牟尼一味追求光明，波旬一味追求黑暗，這邊越光明，那邊越黑暗，就不斷的分裂，到最後最分裂時，突然醒悟到原來是這麼回事啊，一下大徹大悟。

所謂大徹大悟，可不是突然間前知五百世、後知五百年了，真正的徹悟是豁然間一下太極融合了，本來一邊是光明、是亮的，另一邊就是黑、是暗的，兩者是分裂的，而且兩邊在不斷的鬥，大徹大悟就是一下合在一起，就陰陽合一了，就是這麼回事。

每個人在修的時候，都有這麼一個過程，現在講的只是這個理，書前的你還意識不到，因為你還沒有找到你心中的波旬。其實波旬無處不在，波旬就是你的煩惱，就是你在現實中跟你作對的人，給你製造煩惱的人。你的心

不靜，你的心一要靜下來，就會被打擾，而打擾你的就是波旬。

如果當下修的力度還不夠，波旬也就還沒成型，因為一邊的光不夠亮，另一邊也就不夠黑，而都是灰的。基本上都是處於這種狀態，修的時候既信心堅定，其實又很鬆懈，有點困難就停在原地了，那波旬怎麼能出來呢？其實修得並不堅毅，所謂的堅毅都是一時的熱血沸騰，十天半月就鬆懈了，也就是波旬剛剛要出來又沒了。

所以這種生活就是，說樂、開心，雖然挺開心，但是總覺得還差點什麼，很多都還不知足；但是說不知足、不開心也不至於，也還行。這就是一種灰乎乎的狀態，就是個小灰人。小灰人就是開心也不是多強烈，不開心也不嚴重，這個狀態就好像是說白不白、說黑不黑，多數人基本都是這樣。

所以在現實中，你既沒有那麼大的障礙，也沒有那麼大的磨難，也沒有什麼人跟你對抗，給你煩惱。煩惱來之前，你就已經規避了，不想讓煩惱來。把波旬都急成什麼樣子了，波旬心說：「我不出來，你也成不了佛啊。但是你怎麼就是不讓我出來啊！」

這樣來看還是那句話，佛學、儒學說的都是一回事，修行到底是在修什麼？我們人性當中有各種放縱，情緒是放縱的，我要追求所謂的美好、所謂的完美，都是人性中所帶的貪欲。不僅僅貪財好色稱為貪，貪完美、貪善、貪做好人都是大貪。我要讓大家都讚美我、都認同我、都表揚我，這都是大貪。巨大的貪欲，後面才會有壓抑，因為我在前面一有個貪，後面就有一個貪不著。比如我要貪美好，那麼不美好就壓抑下去了，所以很多情緒都是從這兒來的。

　　常人就是在這個過程中不斷地貪，不知足。所以儒學告訴我們知止，止於至善。至善可以稱為是最貪，追求最完美，放下你的貪心、貪念，止於至善，找回你的平衡，這就是知止，不斷的止，平衡一點一點就回來了。

　　此處就是在講，針對我們的人性，要有方法去面對，所以對鏡觀心是多麼重要的修行方法。所謂自修身，就是從對鏡觀心開始修身。而對鏡觀心的方法會越用越深，剛開始面對的一定是表層，到後面一定是越用到細微處，就是越深，也就越難以面對。

　　面對也有兩種方式，要麼是自修，就是自己把最深的

一點一點挖出來；要麼就是學會方法為別人解決問題，也就是自己不能面對、不想面對的人格，就透過別人找回到自己面前。這兩種修行方式，一個是自助助人，一個是助人自助，兩種方法都可以用，但必須要實用踐行。只是學習道理，就像天天講繡花的道理，不動手去做，永遠也學不會繡花。「輪扁斲輪」的故事，只是告訴你車輪應該怎麼做才能做得圓，只是天天講道理，不動手去做，你永遠都學不會。

　　克服人性，這就是修行，儒學和禪的修行路是一條路，沒有什麼別的路了。透過方法找出人的不平衡、錯知見。所謂正知見，即一陰一陽之謂道、陰陽平衡，所有的極端就是錯知見。

　　就在陰陽兩個字上下功夫，一切救度都在這裡，根本都不需要涉及五行八卦，先把陰陽兩個字參透了、會用了、用明白了，既能解決自己的問題，又能解決別人的問題。我們講的其實全是這一個理，好像古今中外我什麼都能講，但其實我沒講過其他的理，就這一件事「一陰一陽之謂道」，全是陰陽，這就足夠了。

　　你自己的陰陽是否平衡？你的人格整合得如何？有

多少人格是你自己排斥、否定、踢出去、罵出去的？簡直太多了。

所謂修行，就是人格整合，人格整合回來了，力量就全都來了，我們要的是完整。為什麼不完整了？天天否定，把自己今天否定一部分，明天否定一部分，後天繼續否定、否定……，最後自己就剩下骨架了，於是就不完整了。看別人有力量，很羨慕，其實每個人的力量都是一樣的，不增不減，不垢不淨，不生不滅，只有接納與不接納，就這麼簡單。

無論東方、西方，還是古代、現代，我在書中全是成對的講，全都是陰陽。把這個平衡掌握好，平衡即是標準，而方法就是接納，只有接納，才能達到平衡。但是，這裡講的接納，絕不是字面上的接納，我在現實中有可能非常暴虐，但是內心中其實我是接納的。這個意思要好好理解，比如現在又有外族侵略我中華，我也會組織軍隊拚命戰鬥，把侵略者全都消滅，我心裡是接納的。

形上的接納和心裡的接納，即心裡的意上的接納，完全是兩個概念。一個是形而上，一個是形而下。形而上的理和規則，與形而下的理和行為做法是不一樣的，我們

現在講的都是形而上的，而儒學告訴我們的，也是形而上的，那就是在形而上的精神領域，一切都要接納，一切都要平衡。但是在形而下現實世界，我可能就是極端的。而且，雖然在現實世界走極端，但在形而上的角度看，我就是平衡的，這就需要我們去悟了。

形而上和形而下也是陰陽，但是陽的理論、定理、定律，與陰的理論、定理、定律，是不一樣的。只是用陰和陽來表述，肯定理解不明白，所以才用形而上和形而下，心和行去理解。我們所講的無論是平衡還是接納，都是針對形而上的部分，即是心的層面，可不要把形而上的這一套，帶到現實世界去要求。

如果理解成，在現實中所有人都要接納，不能跟任何人對抗，不能發脾氣、不能有憤怒、不能有好惡、不能有恐懼，那可就完全不一樣了，千萬不要混淆。

在形而上的角度，我接納、包容、平衡、如如不動，也許在形而下的角度，我天天發脾氣、罵人、暴虐、對抗，但是我在現實中所有這一切，並不是我人格中的對抗，這要好好的理解。

如果不通這個理，就認為我現實中的對抗，都是人格

的投射。也就是我形而上的人格之間在對抗，現實中就投射出來了我跟某人在對抗，這麼認為的就是凡人。

真正的修行人，是把形而上修得已經很圓滿了，人格沒有對抗，但是在現實中我就要整他，而他也想整我。這裡的確不太容易理解，意思就是，天天講和諧、講平衡、沒有分別，但是現實中該發脾氣就發脾氣，該對抗就對抗，有憤怒也有好惡，喜歡就是喜歡，不喜歡的就是不喜歡，就是這個理。

還是要天天修接納、包容、融合、平衡、如如不動，但是我的表現又完全不是這樣，先不說修得多高，這個理就是，形而上、形而下即是陰陽，這是儒學非常重要的一點，這一點勘不透，儒學真的學不了，佛學也一樣學不了。

對鏡觀心當然要做，但是該發脾氣就發出來，該憤怒就憤怒到頂，該恨就恨到底。如此又有什麼不同呢？此憤怒和彼憤怒有沒有不一樣？修得精神境界高，不代表現實中的人如如不動，形而上與形而下的角度，完全不是一個概念。

既不能壓抑，其實憤怒是力量，又絕不是失控的憤

怒。罵起人來可以非常凶，震耳欲聾，但並不是失控。老天還有雷霆霹靂，該打雷的時候響聲無比巨大，是因為老天憤怒了嗎？那可不一定，這種驚雷對萬物的復甦就有非常正面的影響，所以驚蟄時就要有雷雨。從天氣來講，天是不動的，天沒有愛恨，但是又有大風、大雨、驚雷，也有萬里晴空，這都是萬物的需要。

我們要好好想一想，如如不動到底在哪裡？絕不是表面的形如如不動。好多修行人都修成了表面，把如如不動當成了沒有表情，跟他說話時他是木訥的，開口就是「不以物喜，不以己悲」。

打他一耳光，他也跟木頭一樣，把臉伸過來說「沒感覺，再打一遍」，還美其名曰「我不跟你一般見識」；即便是要殺了他，還是說「你殺了我，我上天堂，你下地獄。」這種所謂的修行蔓延開來，國家都會亡國滅族，絕不能再這樣修了！

我們無論是修佛還是修儒，都有其力量的一面。真正的儒學是最有力量的，而儒學如果學不明白，就有可能修成腐儒，只是之乎者也的講道理，只會包容、融合，手無縛雞之力，憤怒都發不出來，沒有任何力量，這就是所謂

的腐儒，迂腐的儒生。

　　所以，我們修佛、修道、修儒，一定不要修成上面這樣。我們修的都是內心的世界，也就是形而上的部分。形而上修好了之後，我不會壓抑，在形而下的部分該有力量就有力量，該用霹靂手段的時候就要雷霆萬鈞，甚至凶殘無比。

　　觀音菩薩也不是只會救度，千手千眼觀世音菩薩是一面慈悲心腸，另一面是霹靂手段。慈悲心腸對弱者、需要救度的人，霹靂手段是對惡人，絕不容情。跟惡人講道理，他是聽不進去的，他會把你所謂的善和忍讓當成好欺負，會越來越惡。惡人必有惡人磨，也只有惡人能磨惡人，當惡人碰到大惡人了，才知道害怕，才能悔改。

　　正所謂對什麼人用什麼招，觀音菩薩發霹靂手段的時候，絕對不是慈悲相，而是忿怒金剛相，最惡的人都會被嚇死。沒有力量怎麼能讓惡人悔改呢，菩薩既是大慈悲，又是大惡魔。

　　慈悲過了就會變成懦弱、軟弱，就會人見人欺，根本做不了事，更別提保家衛國了，此時修行就是要找力量。天天就為了一張臉活，就想別人都說自己是好人，有一個

人沒說自己是好人就難受，天天指責別人是痞子、是無賴、是滾刀肉，還是先跟別人學一學吧，滾刀肉是不是一種力量，痞子、無賴都是一種力量。

但還是得強調要理解清楚，這裡說的不是形，可別把外形整成痞子無賴。這一段的確不容易把握，一不小心就過度，要麼成了軟柿子隨便捏，要麼就是另一個極端，真成了滾刀肉無法無天了。

得能夠把痞子、滾刀肉的力量，隱藏在儒雅的外表下，表面文質彬彬很儒雅，但是別人一看就覺得這人不一般、不好惹。先從痞子、滾刀肉開始修，後面才能修成忿怒金剛相。

經常會有人請大黑天、大威怒王馬頭金剛、大威德金剛等作護法，好像請雇傭兵當保鏢一樣，其實差別可太大了。但是可以幫我們理解一下，世界上最貴的雇傭兵是瑞士的，瑞士能成為中立國，可不是因為小國家環境很美、人很和善，因為是最能打、別人不敢惹的國家，才具備做中立國的條件，所以雇傭兵最貴。

真正請觀世音菩薩、請大黑天的意思是，為了提醒我們別忘了，我們自己就有菩薩、金剛的人格，因為我們經

常把自己忘了，經常把主人格變成小兔子。

　　我們敢把大黑天的主人格調出來嗎？不敢吧。敬請大黑天的時候，就是告訴自己「我也有這個人格」，大黑天是大財神、大戰神，天天看著，並不是所謂的拜，也不是所謂的求，而是隨時不斷的在激發我自己的人格，告訴自己「我自己就是大黑天」。這樣我小白兔的主人格，就一點點的被激發改變，變成了觀世音菩薩、大黑天的主人格了，然後我行事、做事之時就有力量了。

　　否則，一隻小白兔得到了金元寶，草原上的動物都能來搶，別說大灰狼了，連一隻羊都能把小白兔手中的金元寶搶走。那麼弱的人格，想賺大錢怎麼可能賺得到？即使偶然賺到一筆，能帶得回家嗎？那真叫有命賺，沒命花。其實都是一個道理。

　　儒學、佛學都是一回事，一定是給我們力量，讓我們不向外求，找到我自己。最後是我的力量發出來，自己保佑我自己。外面的菩薩、金剛無法保佑我們自己，都是我自己的力量不斷被激發。

　　修行學習一定要有體系，是方方面面、全面完整的一套體系，而不僅是一個方法、一個理或一部經。那是一套

博大精深的完整體系，要一點點的去修。

「故諺有之曰：人莫知其子之惡，莫知其苗之碩。此謂身不修，不可以齊其家。」我們肯定最喜歡自己的孩子，看自己的孩子好。不管實際上自己的孩子有沒有不好之處，我們也都覺得他好，這就是人性，此即謂「人莫知其子之惡」。

然後，「莫知其苗之碩」，就是我們的人性還有一面，自己擁有的不覺得好，都是看著別人家的好，這裡所說的「苗」就比作老婆，沒娶進門時就覺得這個最好，不斷的追求，一娶回家再看，就覺得別人家的老婆好，這也是人性。

禾苗也是一樣，種下去的禾苗，莊稼長起來之後，總覺得別人家的長得比自家的好。這就是「身不修，不可以齊其家」。

第二節

治國必先齊其家
心誠求之，雖不中不遠矣

《大學》第十章，講的是齊家治國。

> 【所謂治國必先齊其家者，其家不可教而能教人者，
> 無之。故君子不出家而成教於國。】

　　自己的家都沒整理明白，就出去引領眾生、教化別
人，那絕無可能，「無之」就是沒有可能的意思。這就是
推己及人，亦稱為「恕」，即中華祖先所講的忠恕之恕。

　　這還是按照順序的，格物、致知、誠意、正心，正了
心身才修，身修了才能齊家，家齊了才能治國，這就是從
我們最根本的內心開始，向外一層一層推，一直推到平天
下，亦即是宇宙。

　　按照這個推演順序，儒學八條目歸結為一句話就是：

宇宙唯心所造。跟佛學、禪也是同樣一回事。

「其家不可教而能教人者，無之。」先把自己的家理清楚、會治理、會教化了，家順了企業才能順。作為一家公司的老闆，你就可以觀察，公司中發生的一切，你的家裡一定都會發生，或者是家裡發生的一切，必然會體現在公司的狀態上。

「故君子不出家而成教於國」，你不需要出去嘗試自己能不能做公司 CEO，看看你在家的狀態，就知道你出去以後能夠做什麼了。

【孝者，所以事君也；弟者，所以事長也；慈者，所以使眾也。《康誥》曰：「如保赤子」，心誠求之，雖不中不遠矣！未有學養子而後嫁者也！一家仁，一國興仁；一家讓，一國興讓；一人貪戾，一國作亂。其機如此。此謂一言僨事，一人定國。堯、舜率天下以仁，而民從之；桀、紂率天下以暴，而民從之。其所令反其所好，而民不從。是故君子有諸己而後求諸人，無諸己而後非諸人。所藏乎身不恕，而能喻諸人者，未之有也。故治國在齊其家。】

「孝者，所以事君也」，意思就是，在家對父母行孝的，出去之後對老闆也會忠。企業老闆選人其實很簡單，尤其是選高管，雖然你與這個人沒有共過事，但他來到你的公司之後，你想知道他和你這位老闆之間的關係如何，今後他怎麼對你，只需跟他聊一聊家庭，聊一聊父母。

「你的父親是做什麼的啊？你們關係好不好啊？父親對你如何要求啊，你對他是什麼評價啊？」他覺得就像是在嘮家常一樣，你只需聽，跟父親關係不好的、對抗的、逆反的人，出去工作後對老闆一定會有對抗。

這就是孝和忠，由孝而及忠。因為老闆即是父親，老師也是父親，這是一種模式，不是單一的，一個人如何對待父親，就會如何對待老闆、老師，這是一定的，沒有特例，只是程度和階段性有所不同。基本上都是這個理，我們一定要清楚。

幾千年來，從我們的文明剛一出現開始，中國人就一直在講，由家而國。最講究的就是在家裡的狀態，在家裡就能看出一個人長大以後是什麼樣子，基本上能夠看得清清楚楚。由孝而忠，即所謂小孝事親，中孝事君，大孝立身。

「弟者，所以事長也」，悌也一樣，這個「長」是指兄長，亦即是前輩，而不是長輩。平級、平輩之間以先後為順序，稱為前輩、後輩。我們跟應聘者聊一聊，他在家裡和兄弟姊妹的關係如何，基本上就能知道他來到公司後，與平級部門同事間的關係如何，都有所延伸。

「慈者，所以使眾也」，慈，指長輩如何對待孩子，慈之前是威，所謂對孩子應該有威有慈，然後所以使眾也。

「《康誥》曰：如保赤子。」意即是，慈如媽媽抱孩子一樣。

「心誠求之，雖不中不遠矣。」意思就是在家裡什麼樣，出去外面基本上差不多。心誠求之，誠求之即為求其真，我要觀察一個人，就要實實在在的做好這件事，要知道他在家什麼樣，對他的長輩什麼樣，對他的平輩兄弟什麼樣，對他的子女什麼樣，我就可以知道，用他做高管幫我管理，就能夠「雖不中不遠矣」，意即是雖然不是完全細節對應，但是基本上差不多。

做過老闆的一想便知，其實就是這樣。然而問題在於，很多人做了多年老闆，卻根本不知道，甚至不關心高

管、部門經理的家庭情況、父母關係、兄弟姊妹關係。不關心則無從對比，而只要對比一下就能知道，在家和在公司基本上是一樣的。

「未有學養子而後嫁者也。」意思就是娶媳婦沒有先學好了生養孩子，再娶進門的。其實還是一個意思，所謂治國就相當於現在的管理公司，作為公司老闆要選人做高管，首先要看這個人能否先齊其家，也就是他在家裡是什麼樣。這句話要表達的意思是，很多老闆不管候選人的家是什麼樣的，先來工作，看工作成績，即使不能勝任也讓他一點點的練，這就是本末倒置。

別搞反了，應該是在女人沒嫁進門之前，已經瞭解清楚了。但是，不可能是女人生孩子、養孩子都已經學好、完整做過了，再娶進門來吧。那是怎麼瞭解清楚的呢？

現在很多老闆都是先用用試試，試用期裡行就行，不行再換，這就是先養子而後嫁。把公司事業交給這樣的人，豈不是跟自己過不去，很多都是用了之後發現不可用，然後再撤換，這就造成了巨大的損失。

知道我們講的齊家治國之理後，在用人之前，基本上就能夠知道這是什麼樣的人，今後他會如何對我、如何對

公司、如何對下屬。這樣用人才是對自己負責任的，所以「雖不中不遠矣」就是在形容一個用人的原理方法。

今後做老闆的讀者，在選人、培養人做高級、中層管理人員時，先好好把候選人的家庭關係情況調查清楚，方法就是聽其言觀其行。聽他跟父母、兄弟姊妹間的關係情況，老闆跟員工聊天，得是有目的性的聊，不能瞎聊，關心員工的家庭當然是可以的，但事實上老闆從中得到的是另一方面的資訊；然後再觀察他現實行動中，如何對待父母、兄弟姊妹，行動和說的能否對應。這就是考察，也就是「治國先齊其家」，這就是《大學》中教我們的實用方法。

現在我們可以清楚一點，三綱領和八條目對應來看，八條目中對應親民的，就是誠意。誠意才能親民，而對應致良知的是明明德。明明德即是格物、致知，知道陰陽的規律，透過「易」掌握、通達宇宙運行的規律，這樣才能有正確的知見。因此，明明德對應格物、致知，誠意對應親民，而後如何正心就對應止於至善，基本上都有所對應。

明字代表陰陽，知道陰陽定律這只是最基本的，陰

陽定律還要向外延伸，之後才會有三才、四象、五行、八卦，如此不斷延伸。明德即是整部《易經》，全套數術都在其中。這是一套完整的學問，不要片面的以為，明德只知道陰陽就可以了，陰陽是基礎，有了基礎就要向外延伸、演化、演算，構成了宇宙運行的整體架構，萬事萬物由此而來。所以，明德是一套大體系，是我們要窮其一生究其理，是要層層深入研究的。

入門階段先從陰陽以及陰陽轉換的定律開始學習，然後不斷的認識宇宙自然在陰陽五大定律之中是如何轉化的，以及在人事物各方面的轉化。

這些定律要融到我們的血液裡面，後面再學三才、四象、五行、六合、七星、八卦如何運用，再往後學習還包括星象，以及星象和人事物，星象與國家民族到底如何相關。

後面要學習的內容非常恢宏磅礡，而陰陽是基礎，首先要把基礎學好，基本的方法就能運用熟練，能夠深入內心，我們再來通達其理。這就是由道而術，再由術驗證其道，如此往復著不斷昇華，一點點的實現提高。

「一家仁，一國興仁；一家讓，一國興讓；一人貪

戾，一國作亂，其機如此。此謂一言僨事，一人定國。」

這裡的「一家」指的是國君、帝王家。這段的意思就是，作為一國的領袖，怎麼治理國家呢？這一篇叫做「治國篇」，所謂「治國必先齊其家」，此處即是講帝王管理整個國家，是如何能夠管理好的。

首先，帝王得管理好自己的小家，小家仁則天下仁，家家都跟他學，所以帝王一家仁，一國就興仁。

這也是一個規律，帝王喜愛什麼，支持鼓勵什麼，整個國家都會跟著他喜愛、支援，而且風潮突然一下就會起來。帝王喜歡一樣東西，這個東西就會變貴、就會興起。如果帝王喜歡仁，那天下都是仁人志士；帝王喜歡孝，天下就全是孝子，一級一級傳遞，他喜歡孝，就會用有孝之人，他在家孝敬父母，出去也會同樣要求其他人。

其實家國都是一樣的，企業家在企業王國裡就是帝王，瞭解一位老闆的企業管理得如何，都不需要與他聊企業裡的事，只需要聊一聊家事，基本上就能知道他的企業能做成什麼樣子了，而且是基本都能知道，即「雖不中，不遠矣」。

「此謂一言僨事，一人定國。」無論是國家，還是企

業，帝王這個人起決定作用，一句話說錯了能壞事，一個人選對了能興國。

「堯、舜率天下以仁，而民從之。桀、紂率天下以暴，而民從之。其所令反其所好，而民不從。」

這句話也是同一個意思，帝王喜愛什麼，百姓就會跟從什麼。百姓本就是從眾者，就像大雁隊伍一樣有頭雁率領。如果帝王讓大家做的，和他真正所愛所好的有很大差距，老百姓就無所適從，不知道該怎麼做了。

命令可以下，比如下令讓百姓一定要孝，家家讀《孝經》，這個令是下給百姓了，但是帝王自己不孝，而百姓真正跟從的是他的行為，於是乎大家就不知道該怎麼做了，國家、企業就亂了。帝王口是心非，天下就將大亂。

「是故君子有諸己而後求諸人，無諸己而後非諸人。」自己在各方面先做到了，然後再去要求別人做；我自己沒做到的，也別去要求別人。

「所藏乎身不恕，而能喻諸人者，未之有也。故治國在齊其家。」正所謂己所不欲勿施於人，做事情一定要懂得推己及人，這就是恕。

有自己喜歡的事，也有自己不喜歡的事，如果做事時

238

自己做不到推己及人，不是以身作則，或者自己做不到還要求別人去做，或者自己做一樣，要求別人做另一樣，沒聽說過這樣就能把事做成的例子。

因此，這裡講到推己及人，就是要講治國一定要從治家開始，把家治好了，國才能好。這與一句名言意思非常貼切，一屋不掃何以掃天下。

有些人總是說：「我沒有時間管自己的家，我每天都在為國家，我這個人都是國家的，我所做的都是公事，是國家的事。」

於是就對自己的家不管不顧，對自己的親人、家人、孩子都不在乎、不關注。這種話就是胡說八道！對自己的老婆孩子、自己的父母，都盡不到心、盡不到力，說自己關懷別人，說能為國家盡心，為公事盡力，一定都是假的。所以，家和國之間，亦即是家和工作之間的關係，就是對應關係。

前面這一段篇幅很長，到此處開始作者的意思又是，「這些話可不是我說的啊，《詩經》上都有。」

為什麼《詩經》就這麼被人接受、讓人信任呢？因為《詩經》是我們中華上古傳下來的經典，不是後世某一個

人寫的，是神授文明的代表，自上古就有。

【《詩》云：「桃之夭夭，其葉蓁蓁。之子于歸，宜其家人。」宜其家人，而後可以教國人。】

這段《詩經》的內容「桃夭」，大家都很熟悉了，表達涵義就是，桃樹代表愛情，詩描述出了家裡的其樂融融、感情和諧、果實累累、桃樹茂盛，家中一片和諧，一位女子出嫁到了這一家，這家人更加美好的場景。

「宜其家人，而後可以教國人」，自己的家特別和諧美好，感情都很好，孩子教育也都很成功，這就是宜其家人，先把自己家都調理好了，然後就可以教國人，可以教化別人，能夠跟我一樣，夫妻感情、親子關係都處理得非常好。

【《詩》云：「宜兄宜弟。」宜兄宜弟，而後可以教國人。】

自己在家裡面妥善的處理好兄弟之間的關係，這樣出

去以後才可以教別人。怎樣才能當老師教別人呢？自己先做到了，有生活經驗了，也通了理，就可以當老師了。

【《詩》云：「其儀不忒，正是四國。」】

儀即儀錶、儀軌，意思是禮儀沒有不對的地方，那四周的鄰國都會以你為榜樣，也就是四海歸心的意思。想要做到四海歸心，就要先把自己的家管理好，國家跟著就好了，然後四海就能歸心了。但這只是理論，不能簡單的聽信幾句理論，還得有落地實用的方法、方略。

【其為父子兄弟足法，而後民法之也。此謂治國在齊其家。】

父子兄弟足以被人效法，百姓才能夠效法，這也是講「治國在齊其家」。這真的只是理，現實中有很多人在家裡特別和諧，在外面卻一無是處，我們既不偏執於這個理，也不否定這是一種對應關係。不要從文字表層的理去一一對應，這樣沒有意義，而且我們有更深層的對應關係

和方法。絕對不可以簡單的理解為，把父母兄弟姊妹關係都處理好了，國家就能處理好，並不是那麼簡單，但這是最基本的。

在此我想告訴大家的是，絕對不能理解為，能把家治理好了，國家就治理好了，真正治理好一個完整的國家和治理好一個家，還完全不是一回事。

家的治理僅僅就是把家中各種關係處理得比較到位，這樣可以實現在國家或公司裡各種上下關係都能處理到位，但是國家還涉及其他很多，例如鄰國外交、外敵入侵等政務。家裡只是一個關係的呈現，這對於治理國家來講一定是不全面的。

不是簡單的一一對應，而這種對應是有道理的，但要清楚這種對應不是全部。看這一段時，要接納文中的思想，明白其意思，但是不可以死板、機械的套用。

第三節
趨向平衡為模式，財能生財是陰陽

　　第十一章中有很多治國平天下的問題，所講的道理，對於管理者來講非常重要。兩千五百年前，孔子能夠寫出這樣的文章，其實很不容易、非常超前，因為文中孔子的思想，我們現在讀起來感覺很熟悉，在我們當代社會感覺就是這樣的。

　　這一章涉及的基本就是形而下的觀點，現在我們就清楚了，對於形而下的就要做到可以吸取，但是不可以盡信。只要落到文字上，就必有偏頗，這一章的觀念、觀點，起到了指導作用，但是要看在什麼階段，對什麼人應用，要靈活掌握。所謂盡信書不如無書，亦可稱為盡信經典不如無經典。

　　【所謂平天下在治其國者：上老老而民興孝，上長長而民興弟，上恤孤而民不倍，是以君子有絜矩之道

也。所惡於上，毋以使下；所惡於下，毋以事上；所惡於前，毋以先後；所惡於後，毋以從前；所惡於右，毋以交於左；所惡於左，毋以交於右。此之謂絜矩之道。

《詩》云：「樂只君子，民之父母。」民之所好好之，民之所惡惡之，此之謂民之父母。《詩》云：「節彼南山，維石巖巖。赫赫師尹，民具爾瞻。」有國者不可以不慎，辟則為天下戮矣。《詩》云：「殷之未喪師，克配上帝。儀監于殷，峻命不易。」道得眾則得國，失眾則失國。

是故君子先慎乎德。有德此有人，有人此有土，有土此有財，有財此有用。

德者本也，財者末也，外本內末，爭民施奪。是故財聚則民散，財散則民聚。是故言悖而出者，亦悖而入；貨悖而入者，亦悖而出。

《康誥》曰：「惟命不于常！」道善則得之，不善則
失之矣。楚書曰：「楚國無以為寶，惟善以為寶。」
舅犯曰：「亡人無以為寶，仁親以為寶。」

《秦誓》曰：「若有一个臣，斷斷兮無他技，其心
休休焉，其如有容焉。人之有技，若己有之；人之彥
聖，其心好之，不啻若自其口出。實能容之，以能保
我子孫黎民，尚亦有利哉！人之有技，媢嫉以惡之；
人之彥聖，而違之俾不通。實不能容，以不能保我子
孫黎民，亦曰殆哉！」唯仁人放流之，迸諸四夷，不
與同中國，此謂唯仁人為能愛人，能惡人。見賢而不
能舉，舉而不能先，命也；見不善而不能退，退而不
能遠，過也。好人之所惡，惡人之所好，是謂拂人之
性，災必逮夫身。是故君子有大道，必忠信以得之，
驕泰以失之。】

　　前文講得是平天下的政策手段，亦即是國王君主的治
國方略，對企業家比較有用，即如何管理企業能夠長久。
其實與前面一樣，首先根本就是正心，後面修身、齊家、

治國、平天下，其實全都是從正心延伸出來的，講的也都是陰陽之理。

前面的就不逐句講解了，我們來看最後一句，「是故君子有大道，必忠信以得之，驕泰以失之。」治理天下的人，也要符合大道，「必忠信以得之，驕泰以失之」即是陰陽。都是從陰陽轉化而來，忠信對於君子來講，是要顯於外的，現實中我們也知道這個理，忠信的人會長久，驕橫、霸道、奢侈肯定不會有好下場，這就是「君子有大道」。

【生財有大道。生之者眾，食之者寡，為之者疾，用之者舒，則財恒足矣。仁者以財發身，不仁者以身發財。未有上好仁而下不好義者也，未有好義其事不終者也，未有府庫財非其財者也。

孟獻子曰：「畜馬乘，不察於雞豚；伐冰之家，不畜牛羊；百乘之家，不畜聚斂之臣。與其有聚斂之臣，寧有盜臣。」此謂國不以利為利，以義為利也。長國家而務財用者，必自小人矣。彼為善之，小人之使為

> 國家，災害并至。雖有善者，亦無如之何矣！此謂國
> 不以利為利，以義為利也。】

這一段講的也都是陰陽，就是把陰陽之理貫穿在治國、平天下之上，而且這些用在家裡、公司、國家，其實都是公理，可以稱為治國平天下之理。

「生財有大道，生之者眾，食之者寡」，家裡最好是都是賺錢的人，而花錢的人少，這就是持家之理；公司裡不是生產、銷售崗位的行政人員等，要盡量縮減。

「為之者疾，用之者舒，則財恆足矣」，意思是創造、生產要想辦法加快速度，但是產品消耗要降低速度，這就是生財有道。都是陰陽的關係，用陰陽進行調配，「則財恆足矣」。

「仁者以財發身，不仁者以身發財。」掌握陰陽的人即仁者，財是工具，發身即發展、發達，仁者以身為主，而把財這個工具利用的非常好。以財發身，即財為仁者所用；以身發財，就是用命去賺錢，不惜身家性命，不惜道德仁義，不惜臉面，不惜信用，只要能賺錢，什麼都不惜，也不修身了，甚至身都不要了，健康、信譽、道德都

不在乎，只要能發財。現代人是不是已經這樣子了？中國人越來越這樣，外國人更是這樣，想賺錢不擇手段，這樣是不能長久的。

所以，都是成對的，全都是陰陽定律應用在現實中治理國家、治理公司、管理家庭過程中的延伸。這裡說的並不全，僅僅是舉例告訴我們如何在現實生活中把陰陽定律用好，一定都是成對的。比如現實中，沒錢的時候想賺錢，就得裝著有錢；反之，越是沒錢的樣子，就越賺不到錢。

這一章是《大學》的最後一章，就是在講陰陽在現實中如何應用，但《大學》只是在講國家層面怎麼應用。然而，在現實中陰陽推導出來的應用可就多了，比如兒子越優秀越要鞭策，老公越無能越要表揚，這些其實都是陰陽。越是沒錢越不能露窮，任何人進行投資和重用下屬，都是為了給自己帶來利益，所以一定要裝作有錢才能被投資。財能招財，這就是陰陽的應用。

所以，什麼事都要反其道而行之。越是有的時候，越要低調，事業做得越好、越是榮耀，跟你周圍的人，尤其是親朋好友，反而要學會賣慘，不要事業一有起色，就

四處炫耀、到處賣弄。越是不好的時候越不要四處說自己不好，否則大家都會遠離、躲避你，有項目也不會找你合作，所以越是沒有時越要表現出有，這些都是陰陽。

無論經商、為官之道，以及為家之道都是一樣的，好時要藏，不好時要顯。而在這一章中我們僅僅看字面，去分析這幾個例子是沒有意義的，因為跟我們的現實根本無法結合。

我們需要透過這幾個例子，知道真正想要告訴我們的內涵。其實不外乎明明德在現實中怎麼用，在看舉例的時候，就會想到如何在現實中應用。

孟獻子曰：「畜馬乘，不察於雞豚」，此處其實也有經商之道，意思就是古代春秋戰國時期，做生意的人，有馬車的就是貴族家的人，就不要去做蠅營狗苟那點小事情了，要做就做百姓做不了的大生意，如此百姓不會結怨。如果一個大家族有錢有人，去養豬養雞，百姓本指望養雞、養豬生活，結果養活自己的生意都被搶了，到最後就要革這個家族的命。

「伐冰之家，不畜牛羊」，這是做生意的規矩。古代時沒有空調、冰箱，夏天熱時怎麼辦呢？大戶人家就在冬

天剛過，冰封的江河解凍開河時，有人有車將冰塊運回家中儲藏在冰窖中，而逐漸細分出了專門做此類大戶人家生意的人，就稱為伐冰之家。

這類伐冰之家年年有生意，都是大手筆，只需要做好伐冰這個工作，那就不可以接觸養牛、養羊、養豬這類生意了。如果再去養牛羊，大小生意通吃，就會有災禍，因為形成了過分壟斷。

而現代很多大企業，不用大資金向上發展百姓做不了、利國又利民的事，反而在搶百姓的菜籃子，百姓家、社區裡養家糊口的小生意。小生意本來可以養活全國千百萬人，一旦被壟斷，百姓生計被擠、被斷，就犯了大忌，必然使得百姓造反，國家不容。這樣的企業家肯定沒學過《大學》。

做大生意更有規矩，幾千年來的規矩，做好本職生意，不要亂設周邊產品與當地百姓爭利，如此相輔相成、相互扶持，不與民爭利，使周圍之人因我而受益，如此必得百姓保護，這也是陰陽。

做好自己的事，無人可以替代，自己的生意一定把錢賺到位，利益最大化，但不與民爭利，其他生意我不亂

碰，該別人賺的錢就讓人家去賺，我只會對周圍百姓有益有利，此即謂「伐冰之家，不畜牛羊」，都是陰陽。

在此，我們要看到一種學習經典的模式和方法，不要局限於經典，不要機械，而是要看明白經典中比喻的意思，都是在引發我們的思考，教我們策略，其根就是明明德。在此前提之下，如何運用陰陽的五大定律。在現實中的為人處世、工作家庭等方方面面全都是陰陽。

再比如男人在外事業做得越大，越要把心多用在家裡，這就是陰陽的應用。否則就像現在好多人為了賺錢，天天喝酒應酬、不回家、不關注老婆孩子，最後錢賺到了，家卻沒了，這就是陰陽掌握不好。應該是事業做得越大，基本上越是不離家了，這才是符合陰陽的。

所謂陰陽就是，沒事業時男人在外拚事業，家照顧不太好，甚至一兩個月不回家，老婆支持共患難，所以患難夫妻很少有家破的。有事業、發財時就該回家了，好好陪老婆孩子。經常會出現這種情況，患難期過了，事業有了，發財了，還不回家就麻煩了，此時家反而容易破了，就是因為陰陽掌握不好了。

想一想，在我們的現實生活中，隨時都在應用陰陽五

大定律。不僅公司管理，還包括家庭相處、朋友相處，做事的方方面面都不離陰陽，甚至我們的作息時間、衣食住行，都不離陰陽。所謂吃亦有陰陽，有飽有少，天天飽、日日肉，就要清淨清淨，都是陰陽平衡、調節調和。

其實，方方面面都是明明德，都要致良知。良知即是正確的觀念，任何事情都以陰陽平衡為知見和觀念，以平衡為模式，不要一味追求。一定要懂得知變，易即是變。世間唯一不變的，就是總在變，總是在找陰陽的平衡點，發現向一邊過度了，不能繼續再過，馬上平衡一下，平衡回來又向另一邊過度了，再平衡一下。當然，永遠達不到極致的平衡，但總是在趨向於平衡，這就是一種模式、一種知見。

學習佛、道、儒，都是在把握陰陽、別過度。愛，也是一樣別過，再愛一個人也不能一味的愛，只要過了都不是好事，愛得死去活來，過度了對方就不珍惜了。人性使然，所謂給個甜棗、打一巴掌，恩威並施，就是陰陽。學會拿捏老公，看似玩笑，其實是正理；父親對孩子要做到威和慈，這也是陰陽，都是一樣的。

任何事都是一個度，過了馬上調整回來，回來過了

再調整回去，這樣就能保持長久。真的能夠掌控陰陽，無論家庭關係、工作、事業，人與人之間的所有關係都能保持長久。

第十一章就是在講落地，告訴我們明明德在現實中怎麼運用。舉了涉及國家、家庭、生意等很多例子，於我有用的，我就可以借鑒，根據我的現狀去運用陰陽之理，運用明明德，做到親民，做到止於至善，如此距離道就近了。

這就是儒學的三綱領八條目。下一章我們講《中庸》，有《大學》的基礎就很簡單了，現在我們知道了陰陽之理，要在陰陽平衡的狀態中，把握度、不過激、不僭越，而《中庸》就是在告訴我們如何把握這個「度」。

第四節

腳踏實地讀書行路閱人，
陰陽平衡明師畫龍點睛

　　學經典就是在告訴我們「其理一也」，一是根本、是本質，是我們追求的最高境界、終極歸宿，但是並不是只懂得「一之理」就行。只知道陰陽平衡的一之理，根本活不下去。現實中不能天天講這個理，「一之理」是講不出來的。

　　現實中，無論從事任何行業、任何領域，或者要推廣傳統文化、先聖智慧，都要遵循我們一生修煉過程中必經的幾個階段。

　　第一，一定要知識淵博，必須得「讀萬卷書」。淵博的知識從何而來，是從間接經驗而來，讀書即是間接的經驗。只要善於讀書、喜歡讀書、多讀書，坐在家裡便知天下事，所以「讀萬卷書」是必須的。

　　任何一本經典，拿起來就能解讀，我在此告訴大家，

都是「一」，吾道一以貫之。但是，真正吸引讀者的不僅僅是這個「一」，而是把古今中外、歷史地理等方方面面都講出來了，用這些來展現「一」，而不是乾巴巴的講「一之理」。理是貫穿在我們各方面的知識當中的，首先要博學，真正吸引人的地方，不是懂得「一之理」，而是博學。

一個人的淵博最吸引人，那是智慧的展現，但是只有智慧，只是聰明，那不可以，還得有知識的積累，這是積年累月、潤物細無聲的過程。每天堅持讀幾頁書，方方面面都在讀，知識結構就會非常完整、完善，就可以做到見什麼人說什麼話。

不讀書，什麼都不懂，只知道幾個理、幾部經典，就沒有人願意與你聊天，只聽你講經論典。所以，善於讀書、喜歡讀書、大量閱讀，是必不可少的，不論任何職業，企業家、傳播傳統文化、甚至心理諮詢，只要不愛讀書，都會做得非常累，因為不知如何與人交流。所以一定要讀書，一定要讓自己博學。

修行可不是突然就能通達各類經典的，很多修行方法是讓人讀經典時，不會流於表面，一眼能看到本質，這是

一種能力。但是，該讀書要讀書，該記誦要記誦，古今中外的知識面一定是從大量的閱讀而來。比如我本人，從小就有這個習慣，雖然課本學習不好，但是從來不少讀書，走到任何地方全都是書。

沒有任何成功是一蹴而就，更不用說透過打坐念咒得來了，不可能的。一定是經過積累而來的。做事業、傳播文化，沒有淵博的知識，吸引不了讀書人，吸引不了知性人群。

一路走來回頭再看，官場政界、大型企業的經歷積累下來，才能成就我的今天，沒有各行各業的經驗教訓，沒有高原山川的生死領悟，講解經典也不可能透澈深刻，更不可能給行政人員、企業高管、企業老闆諮詢指導。背後多少心酸、多少積累，所以我在這裡給大家強調這幾個階段：

讀萬卷書，這是最基礎的，不能斷的；
行萬里路，要開闊視野；
閱人無數，不可以脫離人群。

　　書上得到的都是間接經驗，讀再多書也不是直接經驗，那都是別人的成功經驗和失敗教訓，雖然是不可或缺的，但絕不是唯一，並不是讀書多就能成功。僅是讀書多，如果不行萬里路，不閱人無數，那就是個書呆子。

　　所以，第二，必須「行萬里路」，增長見識，以直接的經驗去感受社會。各種工作都做過，各處地方都走過，風土人情都知道，這是行萬里路的直接經驗。親眼看這個世界，眼界才會高遠、寬闊、不局限。

　　正所謂不出國就不知道祖國有多好。沒出國去看看，容易受各種媒體影響，以為國外是天堂，其實不然。任何地方都是天堂，也都是地獄，這與地理位置、政治體系沒有關係，任何地方都有自由、民主，也都有其問題所在。不走出去、多走些地方，永遠都不可能知道外面究竟是什麼樣，永遠都生活在自己的幻想之中。

　　第三，「閱人無數」，更是不可或缺，不可以脫離人群。要在在讀萬卷書、行萬里路、閱人無數的基礎上，再談修行，再談應用高境界的方法，再談栩栩如生、人人愛聽的解讀經典。

　　沒有經歷，沒受過騙、沒上過當、沒被兄弟出賣過、

沒被閨蜜搶男友，憑什麼給別人講道理，讓別人放下？

事實上還有第四，即明師指路。真正的修行是四個階段都要經歷，前三個階段不可或缺，而不是只要有一位明師指路，就能一步登天的。沒有經驗，沒有知識儲備，明師指點一個方法路徑，就自以為升上天了，什麼人都看不上了，就覺得有方法能指點大企業家了，絕不可能！沒做過企業，不瞭解企業經營，就想用高維方法指點企業家，全都是幻想。人生的經歷和閱歷，都是後面指點迷津、傳播文化的基礎。沒有這些基礎、鋪墊和積累，明師指路也沒有用。

這就好像那個寓言，一條完整的龍，但是動不了，而明師就是來畫龍點睛的人，一點上那個眼睛，龍一下就飛起來了。但問題在於，你具備一條完整龍的基礎嗎？讀萬卷書、行萬里路、閱人無數，就是你這條龍不斷成形的過程。龍已成形但動不了，師父點睛即可騰飛，這就是明師指路。

問題是你那條龍，只有一隻角，或少一個爪，或有頭無身，或尾巴還沒長出來，這時候師父再怎麼點眼睛，畫一堆眼睛，龍也飛不起來啊！師父再著急指點，也只是最

後點睛那一下，意思就是把神傳到龍的身上，這條龍的神和形一下融合起來了，立刻就騰飛了。但是龍的形得自己去練，自己去修，這一定得理解明白。

在此強調一下這幾個階段，就是怕大家理解偏了，前面的內容一直在講大道至簡，就這麼簡單，都是一個理，而這幾段話的意思就是，千萬不要真的以為就是那麼簡單！

有些朋友看到這兒，感覺好像一下明白了，「原來就是陰陽平衡啊……一切有為法，如夢幻泡影……都是玩嘛，都不是真的，遊戲人生，放下分別嘛！」

就這樣覺得明白了，理解了，掌握了，那就無異於自掘墳墓，一輩子都會被這些所謂的理束縛，再也出不去了，執著於所謂的一，執著於所謂的無為，執著於所謂的虛無，這一生就徹底廢了，枉自為人，該努力的地方不努力，該進取處不進取，該爭取時不爭取，什麼都無為，什麼都不在乎。

事實上，這樣的人太多了，看了幾本書，聽了幾堂課，就覺得好像知道了，「原來就這麼回事啊，理解了，悟到了！」

其實一點都沒悟到。真正越是悟到了這個簡單的理，越在現實中更加努力、更加堅毅，這才是正理。否則就偏了，偏於虛無，亦即是空談心性。太多的人走偏了，落入空寂，覺得師父都是虛妄，翻來覆去只講一個理，我已經知道這個理了，而且書上全都是這個理，都曾經看過，知道「應無所住而生其心」，知道「一切唯心所造」，都知道理，但是又有哪一位真正修有所成呢？知道理和能做到，怎麼可能是一回事！須得慢慢的修。

理只是在告訴我們，最高的地方在萬丈高處，但是實在而論，自己還在一米不到的高度上，連隻小螞蟻都不如，理就在那個高度上，知道並不代表能達到，知道和達到完全是兩個概念。因為知道，才有方向，然後一步一步按照這個方向走，艱苦磨礪，越來越接近道，謂之近道。

最可悲的就是有些自作聰明之人，自己感覺明白了，就是一句「一切唯心所造」，一切都是我，我才是我的主宰，外面沒有別人，沒有老師，也沒有佛，孔子都沒有。自我感覺明白了，書都不用看了，一切都是幻象，一切都是遊戲，那就遊戲人生吧，最後家破人亡，還覺得是遊戲人生的一部分，非常可怕。

修行如果方法修邪了，還不如不修，不如在家把人做好。不要輕易談修行，不要天天想著圓滿成佛，這樣會瘋的，連人都不會做了。天天想著要有大願，其實不然，那是空想。願，就是知道最高的目標就在那裡，然後就得放下，不能天天追、天天求，眼睛天天仰望著星空，腳下有一個巨大的深淵卻看不見，就這樣仰望著往前走，一腳踩空跌入深淵，就下地獄啦。

正常來講，仰望星空是應該的，但是星空看一下就可以了，確定方向，知道北極星在哪裡就好了，然後眼睛就得看著大地了，一步一步的腳踏實地往前走。走一段後，要確定一下方向有沒有錯，抬起頭再找一找北極星，確認北極星還在那裡，方向沒有錯，就又得低下頭一步步走好腳下的路。

所以，修行切記，千萬不要狂，歷史上有很多人這樣走了彎路、錯路。經典無過，都是讀經的人用自己以為的來誹謗經典，所以千萬不要走錯路。

我們一定要腳踏實地的，在現實中一步一步走好，過好家庭生活，照顧好身邊最親的人，盡到在人世間應盡的職責。工作拿著老闆發的工資，就一定要對得起公司和老

闆；做老闆就得盡心盡力把企業做好，對得起員工；在家裡，就要對得起家人、父母、妻兒。

對於修行之事，工作生活之餘，下班後吃完飯，睡覺前想一想，仰望一下星空就可以了，然後就得放下，次日早晨一起床，就又是如何照顧好家人，怎樣做好工作。千萬不要滿腦子都是修行，滿腦子都是成佛解脫生死，這是不可以的，這樣一定會在現實中掉入深坑，自己的命都保護不好，家人都關照不到，公司都管理不好，談何修行！連人都沒做好，談何昇華！

理，天道，非常簡單，同時也是至高。要想達到、接近道，我們一定要腳踏實地，即是要做到這三點，讀萬卷書、行萬里路、閱人無數。在現實中，做好修身，而後齊家，治理好公司企業即是治國，平天下先不要想，做到修身、齊家、治國就可以了。

如何實現做到？就要正心。亦即是格物、致知、誠意、正心，一步一步的修好，這才是我們真正要認真修的，是為了修身、齊家、治國而修，是在現實中的世間有目標的修行。

所有修行人必須要做到，第一是修身，把自己修好，

目標狀態就是隨心所欲不逾矩，這就是把自己修好的標準。不壓抑、坦坦蕩蕩、隨心所欲，但別人又不會討厭，也不會因此傷害別人、給別人帶來困擾，也就是不逾矩。這也是陰陽，隨心所欲和不逾矩也是一陰一陽。這就是修身有成所要達到的標準。

下一步就是要做到齊家，家庭中每一個成員，對父母、老公老婆、孩子、兄弟姊妹，存孝悌。家庭和睦，最親的人每一個人都能得到你的關注，都能感受到你的愛。把溫暖、安全和關注給家裡的每一個人。

看不上，甚至怨恨父母，就不是齊家；兄弟姊妹起衝突，只有一個原因，就是兄弟姊妹因利、分配不公而起衝突，都是沒做好齊家。不把父母、兄弟姊妹的關係調理好，不把夫妻對方和孩子關照好，就是沒有做到齊家。要清楚，關照並不是溺愛，而是我們的心用在上面。

關鍵很多人總以為與父母、兄弟姊妹關係不好，不是因為自己不想搞好，而是因為父母、兄弟姊妹有問題。其實顯而易見，看似都是別人的問題，事實上全是自己的問題。這些就是齊家的道理。

我們透過學習《大學》，得知道修身應當如何修，就

是做到親民、止於至善。也可以解釋為，修身即是融合、整合我們所有的人格，父母、兄弟姊妹、老公老婆、孩子都是我們的人格，身修好了，家豈能不齊，家齊了再推及工作崗位、公司企業，豈能治理不好。其實都是同一個根本，都是正心，這才是實實在在的修行。

　　真正的修行，不是遠離世界，不是不做事只打坐。家人在家裡洗衣做飯、照顧孩子，而所謂的修行人一回家就在那兒打坐，茶來伸手、飯來張口，跟大爺似的，就覺得自己是個修行人，什麼也不做。這樣根本不是修行人，就是個廢人，拿修行當藉口，其實在避世。該做的事不去做，該承擔的責任義務不去承擔，就是在避世。

　　更有甚者，一個專案本來快洽談成功了，收尾工作交給你了，你覺得自己是個修行人，項目成不成無所謂啊，世間都是玩，都是遊戲，一切都是假像嘛，結果把項目談崩了。

　　因為你的心態，就不注意細節，本來與人合作是平等的，甚至人家還在支援幫助你這一方，結果你趾高氣揚的去了，合作方心裡很不舒服，就不跟你談了。你把專案談丟了，回來把老闆都氣哭了，你還勸他「一切有為法，

如夢幻泡影……專案有也好、無也好，都如同泡沫幻影一樣。」這哪裡是修行，這分明是害人！

我們的修行一定是，把自己修好，然後真正把家照顧好，把公司企業照顧好，把心用在這些上面。千萬不要把心放在太陽上，放在北極星上，這是不可以的。你現在是人，把心放在太陽上，天天看著太陽，即所謂理想，當下連人都做不好，天天想著怎麼能到太陽上去，想著自己如何變成太陽，這就是大妄想！真正的修行，首先要去掉的，一是執著，另一個就是妄想，千萬不要把大願變成大妄想。在此提醒大家一定要注意，這也是陰陽。

吾道一以貫之，「一」與現實做事也是一對陰陽。一是理，很高遠；現實中腳踏實地的積累、做事，也要將這兩者陰陽平衡。不要一味的追求一，也不要陷入現實沒有了一，這要平衡好。千萬不要開口就是仁義道德禮智信，開口就是一切唯心所造，開口就是吾道一以貫之。

如果開口就是這些，後面就聽不懂是在說什麼了，久而久之就變成了鬼話連篇，完全沒有人氣了，說的都是人聽不懂的話。遇到任何問題都是一個態度：「遊戲嘛，泡沫而已，生滅無常。」顯得自己好像多麼高深，似是而非

的故作大師狀，結果人話都不會說了。

　　所以在此請大家一定切記，要說人話，做人事。真正的大修行是，心中有一，現實中腳踏實地的把人做好。心中不忘那個一，而嘴上不要天天講；現實中把人做好，注意並不是一味的做「好人」，是要說人話、做人事，盡好做人最基本的義務和責任，而不是要天天想著度化別人。

　　千萬注意，越是學習了「一」的智慧，越要低調、謙遜，不要剛學一點皮毛就好為人師，誇誇其談的天天給別人指點人生。這就是陰陽，所謂上山修行，學道提升境界，境界越高，下山後越低調，越要向別人請教，向別人學習。

　　專心修行、勤學苦練，修的時候境界提升的高高的，如果回到現實生活中還是吊得高高的感覺，那麼與家人、親朋好友接觸時，都會覺得你不正常、不會說人話了，閨蜜兄弟都不願意理你。開口就評論人家的模式，閉口就是人家觀念有問題、都是錯知錯見，說話就是修行先要正知見。大家都聽愣了，你還不斷的高談闊論，「修佛有八正道，第一就是正知見，然後才是正思維、正念、正定、正業……」

兄弟正想排解兩句，「我們主管真是氣人，我得喝口酒消消氣兒！」

你立馬接著說，「慢！你得對鏡觀心啊⋯⋯這就是你！」

一次下來，兄弟們再也不想見你了。

學點智慧方法看到誰就給誰用，美其名曰廣泛傳播老祖宗大智慧，這樣人人誰都會覺得你不正常，覺得你學偏了、修邪了。原來身邊的朋友都不見了，還以為自己的心清靜了，天天就喜歡幾個同修之間談知見、模式，那就形成了一個封閉的圈子，說著封閉的語言體系，封閉的說話模式，完全不顧及別人的感受，就會給人造成非常嚴重的負面感受。

切記學道修行之後，要懂得把所學的放一下，懂得其實沒有人需要被指點，不要外表自信爆棚，不要天天好為人師，否則反而暴露出自己的自卑，因為比較不過這些事業有成的親友，就將自己所學當成了資本，開始炫耀自己在別人沒接觸過的修行方面，自覺得很高，這是一種心態。

事實上，我們的正心態根本不是要度人。所謂我要

度你，還是想把自己抬高，跟菩薩似的，變以前聽別人講道理，為我給別人講道理。真正的度人，是人家想求你度他，你才有可能度，正所謂有求必應。別人並沒有求你，而你看別人都有問題，那就是好為人師，急於顯示自己高於別人，因此引起了別人的反感甚至反對。

所以我們一定要清楚，陰陽在修行之上到底怎麼運用。真正修行境界越高，現實中一定會越低調，更落人間，更會說人話、做人事，比身邊人更平庸隨俗，大智慧都在婆婆媽媽當中。如果你還看不起人，就是沒掌握陰陽之理。心裡什麼都沒有，全是草包，才會高談闊論，用華麗的外表嚴嚴的遮住內心的草包。

內心裡面是寶藏的人，外表一定要用麻布遮蔽，如果用華麗的衣服遮蔽內心的寶藏，豈不適得其反。陰陽之理都不懂，根本傳播不了這套「一」的智慧，反而會誹謗正法。

要努力嘗試，道學得境界越高，現實中越是放低自己，學會說人話，表現得俗起來，這樣反而肯定能越廣的傳播，更多的接引。

要反其道而行之，不是表現得越高、越厲害，大家就

越尊重、聽從，外表越樸實、越低調、越俗，但學道之後的俗跟以前的俗可不一樣，以前的你是不想俗反而真俗，動不動想一語驚人，別人卻感受到你透骨的俗；現在的你不需要去表現所謂的智慧，低調下來，俗起來，別人在俗的外表下，一定能夠感受到你發自骨子裡的智慧，人們真正追隨的是這種骨子裡的智慧，而不是表面表現出來的似是而非的東西。

　　《大學》、《中庸》告訴我們的明明德，即萬事皆陰陽，陰陽之理雖然很容易，但是真正能勘透、能在現實中運用，才是真正的陰陽規律。我們面對現實中的人事物，做什麼都要記住陰陽，都要想著陰陽轉化，做這件事的時候要想到事的另一面是什麼。

　　賺錢了，一定要住豪宅、開豪車嗎？那都是沒賺到錢時的想法，真正賺到錢時，反而要低調、收斂、收藏，這都是我們中華自古以來的智慧。

　　有人評論，中國人心眼太多。其實是對的，所謂心眼，就是想得周全、想得遠。沒有智慧的人，僅圖一時之樂；有智慧的人，想得周全、想得遠。這就是我們所說的智慧。

卷尾一語

至此，《圓滿儒學》一書《大學》、《中庸》兩大篇章已成。相信大家對儒學的圓滿，都已經有所感受。最後，再跟大家強調一句話，用畢生精力去鑽研儒學。

佛學、道學可以涉及，沒有問題，但相較而言並非主幹，還是希望大家儘量能夠把精力放在儒學之上。

讀《大學》、《中庸》，理解、解讀圓滿儒學的時候，我們都會有法喜充滿的感覺，因為儒學對現實生活有一一對應的指導作用，不脫離現實，不虛無縹緲。

儒學既是最圓滿的、高度最高的，同時又是最落地的智慧，應該先把代表框架的《大學》、《中庸》當成一門學問去研究，而後學習《孝經》、《論語》，然後是五經、儒學十三經，這就是儒學學習的脈絡。

如果這一生能夠把儒學通達了，最後將儒學十三經都研究明白了，那無論在個人修行、管理企業、濟世經邦等方方面面，都能做到圓融無礙。就真正可以做到，不為帝王，即為帝師，不為良相，即為良醫。

儒學不僅有顯學之理，不僅有濟世經邦的方略，而且在顯學、玄學、心法三方面，都是最高的，真正中華文化之大興，必是興於儒學。

但是儒學之中亦有糟粕，糟粕不在於孔子，而是後世流傳過程中被帶偏了，所以很長一段歷史時期，都是偽儒學當道。如果中華文明復興，中華文化再次大興於世，一定會出現一大批人，為儒學經典正名，注入新的力量，煥發其深藏的活力，也就是重新解讀我們的儒學經典。

正如本書重新解讀《大學》、《中庸》，要用現代人聽得懂的語言，來告訴世人儒學究竟是什麼，儒學的高度究竟如何。

儒學是中華最圓滿的學問，有興趣研讀本書，能理解儒學之圓滿後，我們再推己及人，一點一點的燈燈相續，一步一步的復興文明，相信會有越來越多有願、有志於學習和傳播中華文化的有緣之人出現，中華文明大智慧必將再現輝煌於世界之巔。

明公啟示錄：明公解讀儒學經典

圓滿儒學・大學篇

作　　　者／范明公
出 版 贊 助／劉成
主　　　編／張閔
美 術 編 輯／孤獨船長工作室
執 行 編 輯／許典春
企劃選書人／賈俊國

總　編　輯／賈俊國
副 總 編 輯／蘇士尹
編　　　輯／黃欣
行 銷 企 畫／張莉滎・蕭羽猜・溫于閎

發　行　人／何飛鵬
法 律 顧 問／元禾法律事務所王子文律師
出　　　版／布克文化出版事業部
　　　　　　115 台北市南港區昆陽街 16 號 4 樓
　　　　　　電話：(02)2500-7008　　傳真：(02)2500-7579
　　　　　　Email：sbooker.service@cite.com.tw
發　　　行／英屬蓋曼群島商家庭傳媒股份有限公司城邦分公司
　　　　　　115 台北市南港區昆陽街 16 號 8 樓
　　　　　　書虫客服服務專線：(02)2500-7718；2500-7719
　　　　　　24 小時傳真專線：(02)2500-1990；2500-1991
　　　　　　劃撥帳號：19863813；戶名：書虫股份有限公司
　　　　　　讀者服務信箱：service@readingclub.com.tw
香港發行所／城邦（香港）出版集團有限公司
　　　　　　香港九龍土瓜灣土瓜灣道 86 號順聯工業大廈 6 樓 A 室
　　　　　　電話：+852-2508-6231　　傳真：+852-2578-9337
　　　　　　Email：hkcite@biznetvigator.com
馬新發行所／城邦（馬新）出版集團 Cité(M)Sdn.Bhd.
　　　　　　41, Jalan Radin Anum, Bandar Baru Sri Petaling,
　　　　　　57000 Kuala Lumpur, Malaysia
　　　　　　電話：+603- 9056-3833　　傳真：+603- 9057-6622
　　　　　　Email：services@cite.my
印　　　刷／韋懋實業有限公司
初　　　版／2024 年 6 月
定　　　價／380 元
Ｉ Ｓ Ｂ Ｎ／978-626-7431-49-8
Ｅ Ｉ Ｓ Ｂ Ｎ／9786267431474(EPUB)

城邦讀書花園　布克文化
www.cite.com.tw　www.sbooker.com.tw